全国高职高专经济管理类"十三五"系列
理论与实践结合型系列教材·电商专业

跨境电商运营实务

KUAJING DIANSHANG YUNYING SHIWU

主　编　曹春花　孟　彧
副主编　贲晓婧　詹　静　庄新美子　刘婷婷　王成强　周　敏

http://www.hustp.com

中国·武汉

内 容 提 要

随着跨境电子商务的快速发展,大批跨境电商企业入驻跨境电商平台,跨境电商市场的恶性竞争愈演愈烈。东南亚市场是跨境电商中的一个新兴市场。Shopee是在这个市场中迅速崛起的跨境电商平台。本书以跨境电商平台Shopee为代表,详细阐述了跨境电商运营的业务知识,主要内容有跨境电商模式、选品、营销、店铺装修、跨境电商支付与风险防范、物流管理、数据化运营等。

本书内容针对性强,讲解的知识和技能都易学、易懂、易操作,是跨境电商从业者不可或缺的运营指导书。本书可作为本科、职业院校电子商务等相关专业的教学材料,也可用作广大跨境电子商务从业人员的学习参考材料。

图书在版编目(CIP)数据

跨境电商运营实务/曹春花,孟彧主编. —武汉:华中科技大学出版社,2020.8(2025.1重印)
ISBN 978-7-5680-6254-1

Ⅰ.①跨… Ⅱ.①曹… ②孟… Ⅲ.①电子商务-运营管理 Ⅳ.①F713.365.1

中国版本图书馆CIP数据核字(2020)第131835号

跨境电商运营实务　　　　　　　　　　　　　　　　曹春花　孟　彧　主编
Kuajing Dianshang Yunying Shiwu

策划编辑:江　畅
责任编辑:赵巧玲
封面设计:孢　子
责任监印:朱　玢
出版发行:华中科技大学出版社(中国•武汉)　　电话:(027)81321913
　　　　　武汉市东湖新技术开发区华工科技园　　邮编:430223
录　　排:华中科技大学惠友文印中心
印　　刷:武汉邮科印务有限公司
开　　本:787mm×1092mm　1/16
印　　张:12
字　　数:307千字
版　　次:2025年1月第1版第2次印刷
定　　价:45.00元

本书若有印装质量问题,请向出版社营销中心调换
全国免费服务热线:400-6679-118　竭诚为您服务
版权所有　侵权必究

前言
PREFACE

跨境电子商务是"互联网+外贸",是借助互联网技术实现商品跨境交易的新兴贸易业态。近年来,跨境电子商务在我国高速发展,已经成为对外贸易增长新的领域,2019 年我国跨境电子商务交易额突破 10 万亿元人民币大关,占全球跨境电子商务交易总额的 40% 以上。东南亚地区人口红利大,电商行业发展尚处于成长期,蕴含着巨大的市场机遇与潜力。

随着跨境电子商务的日趋成熟,企业也应转变观念、创新业务模式,真正实现外贸转型升级。与传统的交易方式相比,跨境电商交易的主要特点就是无国界。企业在选品、营销等方面不仅要针对各个地区和市场做充分的市场调研,而且需要系统学习跨境电子商务的运营知识,跨越语言和文化的障碍,规避可能产生的贸易风险,从而实现高效的运营管理。

本书编写特色如下。

(1) 条理清晰、学以致用。本书的编写以运用为中心,内容注重实操性,用简洁、精准的语言描述所有知识点,满足读者希望快速掌握操作方法与运营技巧的需求。

(2) 图文并茂、寓意于形。本书内容通俗易懂,通过演示 Shopee 的操作过程,带领读者了解各种操作方法。同时,本书对相关知识点进行了丰富和拓展,以便读者掌握更多的知识与技能。

(3) 配套素材、资源丰富。为了使本书内容既适合市场零售读者,又能够广泛地应用到院校教学中,本书配有同步教学素材,包括 PPT、教案、案例素材等立体化的学习资源,以帮助读者构建全方位的知识体系。

本书本着共建、共享的原则,为满足众多院校开设"跨境电商运营实务"等相关课程的需求编写而成。本书由曹春花、孟彧任主编,由贲晓婧、詹静、庄新美子、刘婷婷、王成强、周敏任副主编。感谢上海育景系统集成有限公司为本书编写提供丰富的案例。

尽管我们在编写过程中力求准确、完善,书中难免存在一些有待商榷的地方,敬请读者批评指正,在此深表谢意!

编者
二〇二〇年七月

目录
CONTENTS

第一章 走进跨境电商	1
第一节 初识跨境电商	2
第二节 跨境电商的模式	8
第三节 跨境电商岗位与职业素养	12
第四节 实训	15
第二章 跨境电商平台注册	17
第一节 了解 Shopee 平台	18
第二节 Shopee 规则详解	27
第三节 实训	30
第三章 跨境电商选品与采购	41
第一节 跨境电商选品原则	42
第二节 跨境商品网络采购	46
第三节 实训	51
第四章 跨境电商店铺装修	55
第一节 跨境商品页面设计基础	56
第二节 跨境商品页面	61
第三节 实训	76
第五章 跨境电商营销	79
第一节 站内营销	80
第二节 SNS 营销	88
第三节 邮件营销	93
第四节 实训	97
第六章 跨境电商支付与风险防范	103
第一节 国际支付	104
第二节 跨境电子支付	106
第三节 实训	111
第七章 跨境电商物流管理	117
第一节 跨境物流概述	118
第二节 跨境物流的模式及分析	120
第三节 实训	123

第八章　跨境电商客服管理 ··· 135
第一节　网上询盘回复 ··· 136
第二节　售后管理 ··· 141
第三节　实训 ··· 144

第九章　跨境电商数据化运营 ····································· 151
第一节　跨境电商数据分析概述 ································· 152
第二节　跨境电商数据分析 ····································· 155
第三节　实训 ··· 169

第十章　跨境电商创新创业篇 ····································· 173
第一节　创业者和创业团队 ····································· 174
第二节　创业计划书 ··· 177
第三节　实训 ··· 182

第一章
走进跨境电商

KUAJINGDIANSHANG
YUNYINGSHIWU

更多学习资料请扫二维码

> **本章概要**
>
> 跨境电子商务是一项发展迅速的国际商业活动,越来越受各界瞩目。本章将从跨境电子商务的相关基础知识进行初步讲解,通过对跨境电商的操作模式与岗位进行分析,进一步增加知识储备。通过实训操作,引导读者深入掌握跨境电子商务相关方面的发展趋势与技能需求。
>
> **学习目标**
>
> 1. 理解跨境电商的重要性;
> 2. 掌握跨境电商的含义,及其与传统贸易的区别;
> 3. 掌握跨境电商的进口、出口的各种模式;
> 4. 能够列举跨境电商的岗位及职能;
> 5. 熟悉科技电商的发展趋势;
> 6. 会通过网络搜索相关资料并进行整理。

第一节 初识跨境电商

近些年来,跨境电商作为网络化的新型经济活动,实现了非常快速的发展,已经成为世界各国增强经济竞争实力,赢得全球资源配置的有效手段。

一、跨境电商简介

在过去的几年中,在"一带一路"的政策下,中国与世界的贸易比以往更加密切,对外贸易额的年增长率也在增长。跨境电子商务从最初的海外采购中应运而生,发展日益迅速。

(一) 跨境电商的含义

跨境电子商务(cross-border electronic commerce,CBEC),简称跨境电商,是指分别属于不同关税地区的贸易主体,使用电子商务平台完成交易,进行电子支付和结算,并通过跨境物流交付商品的国际商业活动。简而言之,跨境电商是基于国内外产品之间的价格差异,使用电商平台进行交易而获利的商业活动。

(二) 跨境电商的特点

跨境电商的发展基础是互联网的普及。网络空间是由网站和密码组成的虚拟世界。网络空间与物理空间有着不同的价值标准和行为模式,这些都深刻影响着跨境电商,使其具有区别于传统交易模式的特点。

跨境电商的主要特征包括以下六点。

1. 全球性

网络作为无边界的传播媒介,具有全球性和非集中化的特点。建立在网络基础上的跨境电子商务也具有相同的特点。与传统的交易方式相比,跨境电商的重要特点之一就是无国界交易,即不包括传统交易中的地理因素。

2. 无形性

网络的迅速发展使得数字产品和服务传播都更加流行。数字传输使用不同类型的媒体,比如数据、声音和图像等信息,都以计算机代码的形式出现在全球化网络环境中。

3. 匿名性

由于跨境电商具有分散性和全球性等特点,电商用户的真实身份和地理位置很难识别。虽然这种情况在网络中被允许,而且不影响交易活动,但虚拟社会中隐藏身份的便利性会带来一定的问题。

4. 即时性

网络的传输速度与地理距离无关。在传统的交易模式中,信息交换的方式包括信件、传真、电报等,在信息的发送和接收之间存在一定的时间差。而电子商务中的信息交换,一方发送信息后,另一方可即时接收信息,基本上是同步的,与时间和空间的实际距离不相关。

5. 无纸化

电商的操作主要采用无纸化形式。这也是跨境电商交易的主要特征之一。在电子商务的运作过程中,主要使用电子计算机进行通信,可取代一系列纸质的交易文档。用户使用电脑发送或接收电子信息,而信息以比特的形式进行传输。

6. 发展快

互联网作为新生事物,目前仍处于发展的初级阶段,未来网络设施和相应软件协议的发展方向尚不确定。相关标准的制定者必须考虑的是互联网将以不可预测的方式和飞快的速度进行发展。

(三) 跨境电商的兴起原因

跨境电商兴起主要原因包括以下五点。

1. 实体店和网络中的信息传播速度不同

例如,一个美国产品如果在一季度内没有售出,它将进入奥特莱斯,而同一产品此时则刚刚在中国推出。

2. 国内电商市场逐渐饱和

随着淘宝、京东在中国的发展,国内电商市场逐渐饱和,虽然零售渠道已经解决,但价格已较为"透明"。商家只能选择"价格战"的方式,在前期通过薄利多销吸引更多的买家,提高销量以后,商品或者店铺有了更大的曝光量,之后再逐渐提价。国际市场相对于中国市场来说,产品价格不是很透明,存在发展空间与一定风险。

3. 中国制造业位居世界前三,行业相对发达,产品成本更低

海外发达国家的制造成本相对较高。在中国采购同类产品的价格非常低,会远远低于其他地区。例如,同样质量的时钟,在淘宝和亚马逊的售价分别是 19 元和 437 元,中国卖到国外的价格翻了 23 倍。

4. 交易成本比传统的外贸企业更低

与传统外贸相比,跨境电商公司不需要传统意义上的进口商、出口商、国外批发商和零售商

等,在很大程度上节约了成本。海外消费者无须离家就可以拥有更多的选择,此时选择价格更低的网上购物相对容易。

5. 国家政策支持

国家为鼓励商贸赚取更多的外汇,近年来出台了许多支持出口的政策。

(四)跨境电商的分类与发展

1. 跨境电商的分类

根据货物进出口方向,可以将跨境电子商务分为进口跨境电子商务和出口跨境电子商务。其中,出口跨境电子商务是向世界销售中国产品,主要品类包括服装、电子产品、户外用品和家具等,代表平台有阿里巴巴、亚马逊、易趣等。进口跨境电子商务是将高质量产品运往中国销售,主要品类有保健产品和母婴用品等,代表平台有京东国际、天猫国际和小红书等。

根据交易对象进行分类,中国的跨境电子商务可以分为企业对企业(B2B)和企业对消费者(B2C)等模式。按照业务性质,跨境电商可分为跨境小额贸易类、贸易流程类、外贸资讯类和订单对接交易类等。

2. 跨境电商的历史进程

中国跨境电商起源于早期的海外个人购买和海外购物。直到2014年左右,跨境电商进入互联网用户的视线。2016年,中华人民共和国财政部发布"正面清单",开始变革跨境电商。近几年来,随着优惠政策的出台,以及中国居民消费需求的增长,进口跨境电商开始快速发展。

(五)跨境电商的发展趋势

在未来,跨境电商公司将会放弃低价策略和粗放竞争,营销策略、品牌化、数据分析等方式将在市场中占据重要地位。

1. 品牌价值将得到进一步发展

随着跨境电商逐渐为买家所接受,大量产品进入市场,品牌价值将在未来变得越来越重要。商家应增强品牌意识,提升品牌溢价。

2. 卖方公司的正规化

与跨境电商相关的法律、税务等,得到进一步的推广和完善。走上正规公司化的道路后,卖家能够更好地适应未来发展。

3. 客户定位的改变

如今,电商企业已经进入垂直精细化的竞争模式,需要明确和及时调整消费者的目标群体定位。

4. 真正走向全球化

过去,跨境电商主要集中在欧洲和美国,但是在未来,竞争市场将会发生变化。据统计,除了常见的美国、加拿大、澳大利亚外,亚洲、中东的一些市场的销售额显著提高。

(六)跨境电商的意义

跨境电商可以促进经济一体化和贸易全球化,是一项具有重要战略意义的技术基础。跨境电商不仅突破了国家与国家之间的交易壁垒,使得国际贸易走向了无边界,而且使世界经济和贸易发生了巨大变化。

对于消费者来说，跨境电商使得其他国家的信息很容易被获取，因此购买物美价廉的全球商品更加便捷。对于企业而言，跨境电商建立的开放、多维的经贸合作模式，可以拓展贸易公司进入国际市场的途径，有利于资源配置和企业共赢。

二、跨境电商与传统国际贸易

在新时代的背景下，国际货物的贸易方式不断演变。近年来，在传统贸易增长缓慢的同时，跨境电商产业得到了迅速的发展，并且保持在较高的增长水平。

（一）跨境电商和传统贸易的区别

1. 两者的概念不同

跨境电商是属于不同关税地区的交易主体，使用电商平台进行电子支付和贸易结算，利用跨境物流实现商品交付，最终完成交易的国际商业活动。传统贸易是指用户使用电话、信件、传真等传统媒介实现商务交易过程。

2. 两者的特点不同

不同于传统的交易模式，跨境电商主要应用互联网，网络空间比起物理空间有很多新的特点。在传统贸易中，用户可以进行营销、广告、获取营销信息、接收订单信息、做出购买决策、付款、客户服务支持等。传统方式交易存在成本高、效率低、环节多、距离远等问题。

3. 两者的主体不同

在跨境电商环境下，销售商是跨境电商的主体。在传统贸易中，制造商是商业中心。

4. 两者的形式不同

跨境电商以商品流的形式使用跨境平台直接向客户销售产品。传统对外贸易是出口企业通过一些传统的外贸网站发布产品信息、寻找买家。这是一种采用信息流的形式。

5. 两者交易流程的区别

跨境电商的出口环节较少，流程简单。客户通过跨境卖家的网站下订单，然后跨境卖家在跨境平台上下订单。跨境卖家平台将直接向客户交付货物。这有效地解决了卖方的库存、物流、清关等问题。

在传统的外贸企业中，一个国家的出口商集中通过另一个国家的进口商交易货物，然后通过多层次分销到达国内物流企业，最后送至有进口需求的企业或消费者手中。而传统外贸企业进行交易时，需要经过生产企业、出口商、进口商、分销商、批发商、零售商和客户等环节。

6. 两者的成本不同

跨境电商企业可以实现货物的单件配送，解决了传统外贸企业的库存、物流、通关等增加的成本问题。

（二）传统外贸存在的问题

在当前复杂严峻的对外贸易形势下，传统的对外贸易模式存在着过度依赖传统销售、买方需求封闭、订货周期长、利润率低等问题。这些都是制约中小企业进出口贸易发展的因素。

目前，中国的传统外贸主要存在以下几个问题。

1. 产品的局限性

传统外贸的弊端包括产品本身，外贸产品的主要部分仍然集中在中低档次。

2. 企业冗员多、负担重

中国传统外贸企业,尤其传统的国有企业,一般都存在人员和机构庞大的问题。尽管经过多年的改革有所进步,但在一些老的传统外贸企业中。这些问题仍然存在,给企业带来了沉重的负担。

3. 品牌化不足

传统外贸在产品品牌化和推广方面做得不够,原始设备制造商是许多工厂的主流。随着近年来全球经济的下滑,工厂订单的利润率极低。

4. 交易手段落后

由于地理、边界等一系列因素,中国传统外贸企业的贸易方式普遍落后。几十年来,许多传统的外贸企业普遍采用了自港口开放以来较为原始的外贸交易方式,这使得产品通过至少五个相关流程才能到达国外消费者的手中。

5. 交易成本较高

中国传统外贸企业的贸易方式一般是企业组织大型贸易代表团,参加大型交易会,或向境外媒体投入巨资以宣传和推广各种商品,或直接组织团体参加境外交易会、展览会等。也会邀请海外进口商和国际买家进入中国,将外国客户带到制造商处,现场检查整个生产过程。这一系列安排不仅需要时间和精力,而且会产生相关费用,进一步增加了出口企业的交易成本,降低其利润。

6. 利润很低

中国传统外贸企业的贸易环节众多,据相关数据分析,一些外贸企业的净利润只有5%,主要利润被各层级的交易渠道商赚取。其中,制造成本8%,国内渠道12%,国外渠道50%,国外零售渠道25%。这说明中国出口企业在传统外贸条件下,大部分利润由外国进口商、分销商和零售商获得,而中国的生产和出口代理企业只获得了一小部分利润。

(三)跨境电商的优势

跨境电商作为以互联网为依托的运营方式,对中小企业的国际贸易链有重塑作用。在传统外贸模式中,进口商、批发商、分销商甚至零售商等国外渠道是垄断的。而跨境电商打破了这一局面,使得企业能够直接与个体批发商、零售商甚至消费者进行交易。这样可以有效降低贸易中间环节和商品流通成本,使企业节约成本、提高盈利能力,使消费者获得实质性利益。

跨境电商主要有以下几个优点。

1. 交易范围的全球性

随着全球交易范围的扩大,跨境贸易电商公司避免了传统国际贸易的地理约束,使企业能够直接与全球消费者进行交易。

2. 信息交流的即时性

在跨境贸易电商中,双方可实时交换信息。无论实际距离如何,一方发送信息,另一方几乎能同时接收到信息,订单和付款可以快速完成。

3. 贸易渠道的便利性

跨境电商节省了许多传统跨境贸易的中间环节,降低了商家从事跨境贸易的门槛,使得国际贸易简化透明。节约了交易成本、缩短了运营周期,直接为大多数中小企业向外卖家销售提供了营销渠道。

（四）跨境电商的新特征

跨境电商和传统外贸相比，拥有五个新特征：多边化、直接化、小批量、高频度、数字化。

1. 多边化

与跨境电商贸易过程有关的商流、信息流、物流和资金流等，逐渐从过去的双边向着多边化演化，并具有网络结构。跨境电商可以同时使用A国贸易平台、B国支付平台、C国物流平台，完成多个国家之间的直接贸易。对许多企业来说，跨境电商的开放、立体、多维的经贸合作模式，可以拓宽国际市场准入路径，促进企业间的互利共赢和多边资源优化配置。

传统的国际贸易主要以两国之间的双边贸易为代表。即使有多边贸易，也是通过多重双边贸易实现的，呈现了线性结构。

2. 直接化

跨境电商可以通过电商交易和服务平台，直接实现跨国企业之间、企业和消费者之间的交易。与传统的国际贸易对比起来，它有进出口环节少、成本低、时间短、效率高等特点。

传统的国际贸易主要是一国的进出口，通过另一国的进出口以及国内流通企业的多层次分销，最后向有进出口需求的企业或消费者进出口大量货物，进出口的环节多、成本高、时间长。

3. 小批量

与传统贸易相比，跨境电商多以小批量、高频率采购，单个订单主要是小批量或单件。

4. 高频度

跨境电商使得单个企业或消费者能够随时按需购买或销售，交易频率比传统交易更高。

5. 数字化

随着信息网络技术应用的不断深入，数字产品的种类和交易量越来越大，软件、影视功能、游戏等增长迅速，通过跨境电商消费的趋势逐渐增强。相比之下，传统的国际贸易主要存在于实物产品或服务中。

【课外拓展 1-1】

跨境电商政策

近年来，跨境电商有多个相关条文相继出台，政策利好消息不断。一方面，国家为跨境电商的快速发展提供了大量优惠政策。另一方面，政府也在不断完善相关配套措施，在报检、通关、海外仓等重要环节提供基础设施支持。

以下是近几年中国家发布的主要相关政策。

2013年8月，《国务院办公厅转发商务部等部门关于实施支持跨境电子商务零售出口有关政策意见的通知》中，发布了6项相关措施。

2015年5月，在《"互联网＋流通"行动计划》中，商务部明确提出要在2年内推动建设100个电子商务海外仓。

2015年6月，国务院办公厅发布了《关于促进跨境电子商务健康快速发展的指导意见》。

2016年，政府在工作报告中指出，要采取有效措施、支持有实力的电商企业设立海外仓，进一步提高通关效率、降低物流成本、缩短营销环节、改善配送效率。

2017年2月，国家邮政局发布了《快递业发展"十三五"规划》，跨境电商物流布局显现，国际物流和保税物流发展加快。

2017年11月，国务院发布《关于调整部分消费品进口关税的通知》，通过暂定税率降低消费品进口关税，涵盖食品、药品、保健品、日化用品、衣着鞋帽、文化文娱、日杂百货等各类消费品，平均税率从17.3%降至7.7%。

2018年1月起，跨境电商零售进口使用过渡期政策，采用新的监管模式。

2018年7月，国务院常务会议决定新设立一批跨境电商综合试验区，持续推进对外开放、促进外贸转型升级。

2018年9月，《关于推动创新创业高质量发展打造"双创"升级版的意见》由国务院发布。

2018年9月，全国人大常委会通过了《中华人民共和国电子商务法》，这是中国第一部电商领域的综合性法律。

2018年10月起，由财政部、国家税务总局、商务部、海关总署联合宣布，跨境电商综合试验区的电商出口企业有免税新规。

2019年1月1日，海关部门《关于跨境电子商务零售进出口商品有关监管事宜的公告》开始施行。

2019年，《中华人民共和国电子商务法》开始实施，跨境电商零售进口税收政策调整，享受税收优惠政策的商品限额上限提高、清单范围扩大。跨境电商可以向国家申请12类常规补贴项目。

第二节 跨境电商的模式

随着大数据、云计算、云储存等先进技术纷纷进入电商模式，跨境电商所依托的平台商业模式也成为电商经济最为重要的商业模式之一。

一、进口跨境电商

（一）进口跨境电商简介

1. 主体分类

中国的进口跨境电商起源于早期的海外个人购买和海外购物。自2014年以来利好条件增加，进口跨境电商进入了快速发展的轨道，各种主体应运而生。进口跨境电商企业主要面向中国终端消费者，采用B2C、C2C等模式。

2. 交付模式

从进口跨境电商的交付模式来看，可以分为保税货物存储模式、海外直邮模式和货物收集直邮模式等。各种跨境电商企业都根据消费者需求和自身优势进行了差异化创新。

3. 商业模式

就商业模式而言，今天的跨境电商平台主要基于平台或自营。平台模式虽然能够保证商品品牌质量，但它的高门槛让许多企业望而却步。因此大多数跨国企业选择自营模式，以确保其产品类别最大化，从而获得大量用户。

4. 代表平台

近年来，中国零售进口电商市场规模得到快速增长。据估计，至2021年中国进口跨境电商市场规模将超过3000亿元。随着中国电商的快速发展,居民的电商消费习惯逐渐培养成熟,进口跨境电商平台有着产业结构高度集中、产业梯队基本稳定的态势。

目前,进口跨境电商已经形成了三个梯队:第一梯队是考拉海购、海屯全球、天猫国际等大平台,特点是规模大、品牌多、流量大;第二梯队包括小红书、唯品国际、洋码头、聚美极速等;第三梯队包括蜜芽、宝宝树、贝贝等母婴类平台。

5. 发展趋势

跨境进口电商公司的爆炸式增长仍在继续,用户群体正在向三线城市发展,并呈现资本关注、线下拓展、下沉三线城市等趋势。

(二)进口跨境电商的模式

1. M2C 模式

1)M2C 模式简介

M2C,即 manufacturers to consumer,是指制造商直接向消费者提供产品或服务的商业模式。它可以减少中间批发商和零售商等分销环节,有效地将制造商与消费者联系起来。

M2C 是 B2M(business to marketing,面向市场营销的电子商务企业)、B2C、C2C 等电商模式的延伸概念,是从制造商到消费者的模式。从这个角度来看,跨境电商也是缩短中国制造商向外国消费者营销的一种方式。虽然可能不是直达消费者,但跨境电商的发展减少了许多中间环节,这可作为实现 M2C 的途径之一。

中国有"制造大国"之称,随着创新型社会的提出,中国的制造业正在寻求转型,向着制造强国前进。互联网的发展,帮助了 Made in China(中国制造)产品的供应和营销。为了增加出口利润和减少中间销售环节,中国制造商已经走上了 M2C 电商模式。跨境电商平台的逐步兴起,可以帮助企业快速找到全球交易者,并使贸易过程顺利通畅。M2C 模式如图1-1所示。

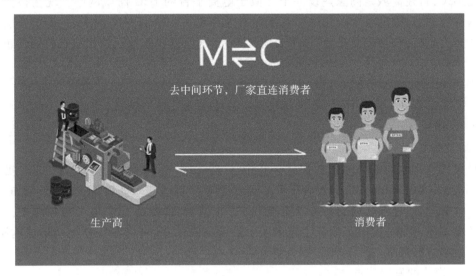

图 1-1　M2C 模式

2)M2C 模式的优势与缺点

M2C 模式的优点是模式轻,投资少。由于跨境贸易本身的特殊性,现金流周转时间长,可沉淀大量现金。平台需要注意的是提升营业额,而非通过销售商品赚钱。对于平台模型来说,最重要的是互联网特征的最大化,同时减少中间环节,这也是电子商务的特性。

M2C模式的缺点是没有利润点、无法控制商品质量、售后服务差等。要成为一个平台,必须做好供应链体系,同时拥有成熟的运营团队。本土的电子商务公司成长非常迅速,因为有较多快递物流公司来解决供应链问题,但没有一家跨国公司在这方面做得很好。此外,跨国纠纷不同于国内纠纷,退换货等问题较难解决。

3) M2C模式的代表公司

M2C模式的代表公司有天猫国际和洋码头。这两家公司的规模不同,但实质上都是由商家入驻平台,商家和消费者独立完成交易,支付等流程通过平台进行解决。

2. B2C模式

1) B2C模式简介

B2C模式是电子商务中的常用网络营销模式。其中,C为customer,指个人、客户,B为business,指企业、商务。B2C就是B to C,即企业对个人。

跨境零售进口的初始模式是海淘,即国内消费者直接在海外B2C平台购物,并通过转运或直邮将货物邮寄到中国。大部分海淘货物无法通过直邮方式交付,因此在国外货物由转运仓库的转运公司代收,然后由转运公司自己或第三方物流公司交付到中国,需要很长的时间。

开始的海淘由于语言和支付方式等限制,在实践中较难操作,因而出现了代购。后来,随着快速买遍全球的采购理念得到推广,海淘与代购的需求日益增加。天猫国际、京东等大型全球购物平台的出现,使得海淘变得更加方便。

2) B2C模式分类

入驻B2C:进入第三方平台的商家,在知名的第三方平台上开设店铺,平台包括天猫国际、苏宁海外购、京东全球购等。需要企业的运营团队善于通过第三方平台获取流量,以提升店铺流量。

自建B2C:自建商城是商家建设一个类似于电商平台的B2C商城网站。现在很多企业都采用了这种模式,对提升整个公司的知名度非常有帮助。一个新兴购物中心,需要在引流方面做更多的努力,要让公众接受平台、去平台购买产品,这就需要企业运营团队有较强的市场推广能力。

3) B2C模式的代表平台

B2C模式的购物平台如淘宝,相关的网站如百度的企业推广网站。

3. C2C模式

1) C2C模式简介

C2C模式也是电商的一种营销模式。其中,C为customer,指个人、客户。C2C就是C to C,Consumer to Consumer,即个人对个人。形式是客户自己把东西放网上售卖,例如,一个消费者有一台电脑,通过互联网交易可以卖给另一个消费者,这就是C2C电子商务模式。

C2C跨境电商是跨境电子商务主流市场中最常见的模式,可以在用户之间形成购买关系。淘宝、天猫、京东等都是C2C跨境电子商务平台。

2) C2C模式的发展特点

C2C模式是目前比较有发展前景的模式。它建立了供应链,提供了多样性选择。电子商务的发展,无论是进口还是出口,在线还是离线,都是商业零售和消费者意识的结果。商业零售业的变化是:消费者主导、中间商信息化和生产者多样化,而商品的核心竞争力已经成为个性化需求和情感满足。

3）C2C 模式的代表平台

国内 C2C 相关平台有淘宝、拍拍网、易趣网等，主要是个人商家面向个人用户。

4. BBC 保税区

跨境零售的进口模式可分为保税进口和直购进口。其中，保税进口又称 B2B2C 模式或备货模式，是指将大量海外货物提前运往国内保税仓库进行备货。当消费者在网上下单时，国内保税仓库将对货物进行配货和包装，分别为单个订单办理通关手续，然后委托国内物流公司向消费者发货。

BBC 模式基本上是由政府项目和相对较大的集团企业完成的，打造一个类似京东的平台，除了在平台上自己开店外，还会招商入驻平台。然而，这种模式有很高的操作要求，目前京东、天猫规模很大，它们已经占据了国内市场，很难与它们竞争。

5. 海外电商直邮

直邮进口是指电商平台与海关联网，国内消费者在网上下单购买后，订单、运单、支付凭证等电子信息均由企业实时传送到海关，采购到的货物则通过跨境电商的专用场地进入海关。

二、出口跨境电商

（一）跨境电商业务模式简介

中国的出口跨境电商贸易模式主要有两种，包括企业对企业（B2B）和企业对消费者（B2C）。目前，我国跨境电商的出口量远大于进口量。

在 B2B 模式下，企业利用互联网做广告和发布信息等，而交易和通关等环节主要在线下完成。这在本质上属于传统贸易，并被纳入海关的一般贸易统计。在 B2C 模式下，中国企业直接面向外国消费者开展交易，主要商品是个人消费品，物流多使用航空包裹、邮件、快递等，报关主体是快递公司或邮政。

（二）跨境电商业务模式

1. B2B 模式

1）B2B 模式简介

B2B 模式是电子商务的一种营销模式。其中，B 为 business，指企业、商务。B2B 就是 B to B，即企业对企业。B2B 模式主要针对一些有货源优势的企业，它们不会直接面向消费者，而是为一些电商平台提供商品。一般来说，贸易产品会批发给面向 C 端消费者的中小企业，产品为保税库存或直邮，可提供一件代发服务。

2）B2B 的发展方向

跨境 B2B 是出口电商的主要模式，大额贸易进入电子商务领域的趋势日益明显，一般的网上交易和交易服务平台化也成为未来的发展方向。传统外贸 B2B 企业正在向跨境电商转型，中国跨境出口 B2B 产业的发展将迎来"第二春"。跨境出口 B2B 影响着中国出口营销方式，传统外贸企业有着多样化的网上贸易营销方式。跨境 B2B 订单的碎片化将成为常态，对外贸易从劳动驱动转向智慧驱动。

2. B2C 模式

1）B2C 模式简介

目前，中国跨境电商出口保持快速扩张的趋势，以美国和法国为代表的欧美成熟市场，仍是中国跨境电商出口的主要目标市场。出口产品主要由3C电子产品、服装等消费品组成,产品供应商主要包括长三角和珠三角的国内卖家。B2C模式在中国出口跨境电商中比重增加,市场潜力逐渐得到释放。

2) B2C的发展空间

目前,在欧洲、美国等发达地区和国家以及新兴市场,网上购物覆盖了更广泛的人群。尤其是新兴市场的网上购物用户对中国制造业非常感兴趣。同时,"一带一路"的建设发展,为广大的中国跨境电商卖家提供了一个快速进入沿线国家市场的机会,跨境电商市场仍存在巨大的发展窗口。

3. 独立网站

零售电商跨境出口主要有两种经营模式:一是通过第三方平台,如亚马逊、eBay、Wish、全球速卖通和敦煌网等;二是建立独立的海外网站来促进销售,包括独立网站或自建网站。

独立网站的优势包括经营的自主性强,真正拥有数据资源和价值,特色突出、经营灵活、可建立品牌。独立网站的缺点也很明显,技术门槛太高,市场推广更难,投入大、周期长。中小卖家可以将电商平台作为基础,把海外的独立网站作为补充。根据出口跨境电商的发展现状,可知独立网站的未来价值更大。

自建网站的成功经验有以下几点:选择合适的建站系统与软件,尽量降低成本;注意页面的本土化、符合目的国的客户需要;其核心是优质的产品,且产品描述简单、有吸引力;注重购物车,良好的客户服务和支付体验,多语言设置等。

【课外拓展 1-2】

在跨境电商的模式分类中,除了上述列举的主要商业模式外,还有一些其他比较重要或常见的模式。以下列举2个,供课余参考。

1. 进口O2O模式

O2O(online to offline)是线上与线下相结合的模式。线上有自建商场,线下有实体店。可以通过线下引流到线上,也可以实现线上和线下的会员信息、优惠活动同步,作为互相补充。

2018年,包括B2B、B2C、C2C和O2O模式在内的中国进口跨境电商,总交易规模达到了19 000亿元,同比增长26.7%。随着移动互联网的普及和全球消费观念的兴起,用户对高质量跨境电商的需求会逐步增加。

2. 出口BPB模式

BPB是供应链的服务平台,商业实体包括各类大、小客户。供应商没有直接面对最终消费者,而是建立了一个自己管理经销商的平台。该平台可以出售自己的商品或购买上游供应商的商品。主体可以作为每个供应商向公众公开,也可以对公众关闭。经销商在平台上看到的是供应商。目前,许多供应链公司将需要这样的一个平台来管理分销商。

第三节 跨境电商岗位与职业素养

跨境电商的蓬勃发展离不开相关人才的培养,从职业能力和素养两个维度来看,只有掌握跨境电商相关岗位的知识和技能,才能满足跨境电商人才的培养需求。

一、跨境电商的岗位需求

近年来,传统对外贸易增长放缓,以跨境电商为代表的新商业模式在对外贸易中的发展势头迅猛。然而,巨大的人才缺口正制约着行业的发展,新的贸易形式对人才提出了更高的要求。

(一)按等级分类

目前,跨境电商工作主要针对从事外贸电商和网上营销的中小企业。典型专业岗位及相应的工作要求参考以下内容。

1. 初级岗位

初级岗位要求工作人员熟练使用跨境电商的相关技能,理解跨境电商如何运作。目前初级岗位主要包括客服、设计、网络服务等。

(1)客户服务。该岗的要求是可以运用邮件、电话的交流方式,会用英语、法语等与客户沟通。售后客户服务还需要了解店铺销售国家的法律规定,可以解决知识产权等问题。

(2)视觉设计。该岗的要求是不仅要掌握设计美学,而且能开展视觉营销,可以拍摄产品图片并设计相应页面。

(3)网络推广。该岗的要求是能熟练使用互联网技能进行产品的编辑、上传和发布等操作,可使用搜索引擎、网站检测和数据分析等技术推广产品。

2. 中级岗位

中级职位的工作人员应了解现代商业活动,熟悉跨境电商知识,知道跨境电商需要开展哪些工作。目前中级岗位主要有以下几个。

(1)市场运营管理。该岗位的要求是不仅要熟练使用互联网,而且要掌握营销推广方式,了解当地消费者的生活习惯,可通过活动策划、产品编辑、用户体验分析等在线营销手段推广产品。

(2)采购和供应链管理。所有电子商务平台的成功都与供应链的高效管理密不可分。跨境电商企业需要前端的产品计划制订、生产、采购、运输与后端的库存、物流、分销、出口等方面的专业人才。

(3)国际结算管理。该岗位的要求是能灵活使用国际贸易结算涉及的各类规则,可控制企业的结算风险,有效提高贸易、商品和金融领域的管理能力。

3. 高级岗位

高级职位人员主要包括熟悉跨境电商的高级管理者和推动产业发展的领导者。高级岗位要求工作人员掌握跨境电商的最新理论,可以把握跨境电商的特点和发展规律,具有战略性思维,引领跨境电商的行业发展。

(二)按职能分类

跨境电商卖家可分为两类:平台型、自营型。其规模也有大小之分。通常需要管理、商务和技术类的相关人才。

1. 管理岗

管理类主要包括中高级管理人员,如运营总监、运营经理、运营主管等。作为跨境店铺的领军者,需要有敏锐的观察能力,及时感知国际市场变化。了解目标国家的市场宏观与微观环境,熟悉目标消费者的偏好,正确把握店铺定位。同时,要对选品、销售、运营、物流、售后等环节进行管理与规划。

2. 商务岗

商务岗主要包括跨境电商操作、推广和运营、销售和客服、物流和采购等。采购和物流岗在中小卖家处通常是一个岗位,在规模较大的企业或平台类卖家中,设置了物流仓储岗和采购岗。

3. 技术岗

技术岗主要包括视觉美工、小语种、网站编程等。视觉美工的主要工作有产品拍照、图片处理、店铺装修等工作。在平台小语种站开设店铺的卖家,需要针对这些国家市场进行相应的语言本土化。平台或网站的商家,除了电商相关工作的职员外,通常也需要一些网站维护的工作人员,如网站搭建、网络推广等。

二、跨境电商的职业素养

根据调研数据,目前跨境电商企业对经营类的复合型人才需求约占65%,技术类人才需求约为35%。就国际贸易、电子商务等专业的毕业生而言,培养成为能够胜任跨境电商企业中的商务类岗位能力,向管理类发展,是一个比较好的选择,就业前景非常广阔。

(一) 管理类

对从事管理类岗位的人的能力要求较高。学历通常为本科及以上,应精通至少一门外语,拥有至少2年以上在主流跨境电商平台的相关从业经验。这类人才在劳动市场相对稀缺,在一些小微企业或是创业团队中,负责人较多担任管理角色。对于高职院校等应届毕业生而言,胜任这一岗位不太容易。

(二) 商务类

电商操作岗、推广运营岗的从业人员需要熟悉跨境电商平台的规则,能够从事店铺选品、产品发布、营销推广的工作。销售客服岗主要负责线上咨询、订单处理和售后维护等。采购物流岗需要对物流和供应链知识有一定的了解,适应外贸电商的相应需求。

(三) 技术类

1. 视觉美工类

对于互联网销售而言,产品体验感更多的源于视觉呈现,这就要求美工同步承担营销设计师的角色。需要对产品进行如实描述,同时通过视觉感官突出产品特色,具有营销技巧、懂得消费者的心理。此类岗位中艺术设计类的毕业生占比较大。

2. 小语种类

目前商家对俄语、德语、法语、西班牙语等小语种需求较多。这些岗位的人才主要来源于相应专业的小语种学生。

3. 网站类

自有独立网站需要进行搭建、推广和运营等操作。这类技术人员通常从计算机专业、软件开发等相关专业毕业生中招聘。

第四节 实 训

本实训主要通过搜索整理跨境电商发展趋势以及跨境电商岗位技能需求两个方面来加深读者对行业背景及相关岗位技能的了解。

一、搜索整理跨境电商发展趋势

（一）目标

搜索跨境电商发展趋势的相关资料，整理成清晰明确、严谨专业的报告文档，供学习和实践参考。

（二）方法和操作

首先进行资料的全方位收集，经过整理后从中提炼出要点，再根据总结出的关键词进一步深入搜索，最后对查阅到的资料进行梳理。

本次搜索中，可以直接将"跨境电商发展趋势"输入浏览器的搜索栏，按照匹配度高的结果页面，先分别浏览前几页的各个推荐链接，挑选几篇质量较好的文章进行深度阅读。经过精读后，能够从信息中找到或归纳出几条相关趋势，如"全球化""品牌价值"等，再分别将这些词语进行搜索和资料筛选，获得各细分条目的全面解释。

（三）实践原理

搜集信息的途径可以包括网络资料、新闻媒体、书籍、论文等，主要通过网上查询获得主要信息，线下的实体资源可作为补充。

（四）参考标准

查询的结果应清晰有条理，所列举的各条趋势全面无遗漏，且不能相互包含。

（五）相关拓展

可以在跨境电商的趋势基础上，区分进口、出口，分别进行细分趋势的归纳整理。

二、搜索整理跨境电商岗位技能需求

（一）目标

查询并列举出跨境电商所需的几个主要岗位，以及各自的技能需求。

（二）方法和操作

首先，搜索"跨境电商岗位"，根据所查的几篇相对专业、权威的资料，整理出相关的岗位列表，争取做到全面准确。

其次，分别针对各个岗位，进行技能要求的二次搜索。例如"管理岗"，可能要搜索"跨境电商管理岗位要求""跨境电商管理技能"等，经过几次不同关键词的尝试后，综合全部的结果，给出一个经过自己思考和整理的技能列表。

最后，将多个岗位和各自的技能整合起来，获得完整的跨境电商岗位技能清单。

(三) 实践原理

全面搜索相关资料，本着不重不漏的原则，整理出所需岗位信息。

(四) 参考标准

想获得更专业的分类，可以参考国家的职业相关标准与列表。

本章小结

跨境电商是使用电子商务平台进行国内外产品交易的商业活动，具有全球性、即时性、匿名性等特点，与传统国际贸易的方式有明显区别。进口跨境电商包括 M2C、B2C、C2C、BBC 保税区、海外电商直邮等模式，出口跨境电商包括 B2B、B2C、独立网站等模式。

跨境电商的岗位可分为管理类、商务类、技术类，对于初级、中级、高级从业人员有着不同的职业素养要求。跨境电子商务的发展趋势包括真正实现全球化、卖方公司逐渐走向正规化、更加注重品牌价值和客户定位等。

复习思考

1. 目前，跨境电商主要包括 B2B 和 B2C 两个部分。它们分别侧重于哪些方面？重要程度如何？

2. 如果你计划毕业后进入跨境电商行业，你觉得你从事哪些岗位的机会较大？这些岗位的基本要求分别有哪些？

3. 阿里巴巴和 eBay 都是跨境电商中的重要平台。它们分别有什么特点和优势？

答案与提示：

1. 跨境电商中，B2B 主要应用于出口，B2C 则在进口、出口中均有涉及。B2B 在跨境电商中占比较大，B2C 增长较快。

2. 商科类专业可从事商务类、管理类岗位，设计、计算机等专业可从事技术类岗位。具体要求同实训中的搜索整理结果。

3. 请参考查阅相关资料，自己进行归纳总结。

第二章
跨境电商平台注册

**KUAJINGDIANSHANG
YUNYINGSHIWU**

更多学习资料请扫二维码

本章概要

在开展跨境电商交易的过程中,拥有店铺的前提就是在平台上完成注册,本章对此进行介绍。第一部分,学生可通过对 Shopee 平台的简介、特点和各站点的资料阅读,初步了解这个新兴起的东南亚跨境电商平台,为后续的操作和使用打好知识基础。第二部分,经过阅读和了解 Shopee 平台的规则后,对注册、收费等条款进行深入理解,做好开店的准备。在实训中,学生可通过亲手操作 Shopee 的下载安装和注册登录,对应用网站有进一步的体验和认知,完成初步的 Shopee 了解和实践。

学习目标

1. 理解 Shopee 平台的特色;
2. 掌握 Shopee 平台的站点;
3. 掌握 Shopee 平台的规则;
4. 能下载和安装 Shopee;
5. 会注册和登录 Shopee。

第一节 了解 Shopee 平台

Shopee 平台作为近些年兴起的跨境电商平台,已经在跨境电商平台中占有一席之地,对新入驻的平台商家来说,了解平台的背景信息是十分必要的。

一、Shopee 平台简介

(一)平台介绍

1. 平台简介

Shopee 成立于 2015 年,是东南亚领先的电子商务平台。其英文名为 Shopee,常见中文名称为虾皮。它作为东南亚的新兴平台,是一个相对较新的跨境电子商务平台。虽然 Shopee 平台投资招商已经开展了约 5 年的时间,但中国公众在近年来才逐渐开始了解。

Shopee 现已覆盖 7 个市场,包括印度尼西亚、马来西亚、中国台湾地区、新加坡、越南、泰国和菲律宾,各站点分别为当地市场量身定制,站内的商店中有各种各样的商品,通过强大的支付和物流服务,为消费者提供简单、安全和方便的在线购物体验。Shopee 平台的 Logo 如图 2-1 所示。

商家可以通过这个平台到达东南亚和中国台湾地区的 7 个主要市场。Shopee 为商家提供了自建物流服务、小语种客户服务和支付担保等解决方案。Shopee 为买家打造了一站式社交购物平台,营造轻松、愉悦、高效、便捷的购物环境,提供大量性价比高的商品,方便买家随时随

图 2-1 Shopee 平台的 Logo

地浏览、购买和分享商品。

2. 公司简介

Shopee 的母公司 SEA Limited 是一家在纽约证券交易所(股票代码:SE)上市的东南亚互联网公司。其电子娱乐、电子商务和电子金融业务在东南亚都首屈一指。

2009 年,Garena 由华人企业家 Forrest Li 在新加坡创立,2017 年改名为 SEA Limited。其子公司包括在线游戏品牌 Garena、电子商务平台 Shopee 和数字支付服务 AirPay。SEA Limited 的理念是利用科技的力量来改善当地消费者和中小企业的生活。

(二)平台服务

1. 物流

东南亚国家的物流基础设施相对落后,由于物流对电子商务的发展至关重要,Shopee 建立了自己的物流系统 SLS,且每个站点都有一定的运营补贴。

这种物流模式与亚马逊等跨境电子商务平台的自助配送操作流程类似,商家需要将货物发送到官方指定的物流地点,平台会自行收集。此外,中国已经设立深圳、义乌、厦门等接收点,商家无须担心物流问题,做好门店运营即可。

2. 流量

网站内部流量主要来自搜索、分类、活动和粉丝推送。站外可通过建立 Facebook、Youtube 等外部网站账号,发布新品动态引流到 Shopee 店铺。

以下是 Shopee 店铺流量的四大来源。

(1)搜索:通过热门搜索了解和调整商品的类别和名称,从而提高搜索曝光的概率。商家可以通过在产品描述中添加热门标签,提高曝光度;也可以通过购买关键字广告,来提升它们的搜索排名。

(2)活动:可以通过后台中心积极报名参加主题活动,获得更多的曝光机会。平台每个月也在各站点举办丰富的节日活动。

(3)类别:商家可以通过批量新增和定期置顶等功能,在类别页面上占据一定的曝光度。

(4)粉丝营销:主动吸引粉丝并与粉丝互动。当商店更新时,粉丝们将获得新产品推送信息。Shopee 的跨境解决方案如图 2-2 所示。

(三)入驻规则

商家入驻 Shopee 后,将拥有特派招商经理服务、活动曝光资源、佣金优惠和运费补贴等权益,如图 2-3 所示。

高效物流　　　　　安全快捷收款　　　　强大管理平台

铺设高效物流网络，提升服务品质，建立自建物流SLS，解决跨境物流难题　　卖家可通过LianLian、Payoneer、PingPong进行提款，交易安全快捷，平台每月月中和月底2次打款　　后台提供批量上新、订单追踪、销售报表等功能，一站式满足店铺管理需求

本地客服　　　　　选品推荐　　　　　API 对接

客服团队高度本地化，覆盖小语种地区，当前提供免费客服，解决语言难题　　每周提供选品建议及运营资讯，助您深入了解市场，精准选品，轻松打造爆款　　对接国内主流ERP，高效管理商品及订单，灵活定制最适合您的后台系统

图 2-2　Shopee 的跨境解决方案

图 2-3　Shopee 商家入驻后的权益

虽然平台不收费，但是平台仍然对注册商家有一定的要求。最好有公司的营业执照和跨境平台流水。虽然可以使用个体经营许可证进行注册，但成功率相对较低。

Shopee 商家入驻条件如下。

（1）商家必须是企业用户，并拥有合法的营业执照。

（2）对 SKU 数量没有硬性要求，一般应至少达到 2000 个。

（3）订单/销售额的截图（每周/每月订单图表）。

（4）其他跨境平台的经营情况（分销店的网址），以证明自己的工作经验。

（四）登录和使用

在东南亚市场发展的跨境电商中，Shopee 是相对领先的平台之一。还在持续增强实力，逐渐成为东南亚购物平台的优质选择。Shopee 平台首页如图 2-4 所示。

Shopee 的官方网站链接包括 https://my.xiapibuy.com 和 https://shopee.cn，网站的中文名称是"Shopee 东南亚与电商平台"。Shopee 也可以使用手机版 App 登录，版本包括安卓和 iOS 两种。

Shopee 平台的商家使用基本流程，主要步骤包括准备工作、基本设置、商品管理、行销活动、订单管理、客户服务、账款查看等，如图 2-5 所示。

图 2-4　Shopee 平台首页

图 2-5　Shopee 平台使用流程

二、Shopee平台的特点与优势

（一）特点

以Shopee为代表的东南亚新兴市场，虽然价格较低，但是做得好的商家依然有足够的利润。东南亚的Shopee平台如图2-6所示。

图2-6　东南亚的Shopee平台

（1）Shopee买家和卖家可以实时在线沟通。平台有网页聊天工具，不需要下载软件即可使用。Shopee也有聊天回复及时性评估标准，客服要在12小时内完成回复。

（2）Shopee网页打开速度很快，各站点反应敏捷。作为东南亚电商市场的两强之一，Shopee的竞争对手是Lazada，两个网站背后的投资方分别有腾讯、阿里参与。

（3）Shopee平台的成本较低。东南亚商店目前很适合新手商家，该平台的开店成本和运营成本最低，平台没有月租金。并且平台前3个月没有佣金，从第4个月开始将收取3%～5%的佣金。暂时没有其他的费用。

（二）优势

Shopee专注于本地化策略，提供全方位、一站式的优质服务，成为消费者在线移动购物平台的重要选择。以下是平台的三大战略。

1. 专注移动端线上购物，更快速、贴近直觉

东南亚互联网的发展跳过了传统的个人电脑阶段，直接进入了移动互联网时代。这使得网上购物更加直观快捷，消费者可以在30秒钟内选择和购买商品。Shopee抓住这一趋势，从移动端开始引入简单、干净、易用的交互界面，使消费者能够顺利使用应用的每一项功能。Shopee吸引了大量用户，在当地应用下载量中排名第一，并成功晋升东南亚最热门的购物应用软件。

2. 本土化运营，精准投消费者所好

Shopee的七大市场有不同的消费偏好。正如SEA Limited集团的高管所说：以印度尼西亚为例，当地口音每50公里变化一次，语言每250公里变化一次。针对东南亚人不同的购物偏好，Shopee根据每个市场的特点制订了本地化方案，以满足当地消费者的需求。

Shopee本土化不只限于营销活动和产品类别,平台还积极与当地银行和物流企业合作,确保无缝高效地采购和交付的体验。Shopee的成果数据如图2-7所示。

图2-7 Shopee的成果数据

3. 增值服务带来非凡体验

平台的商店不断提供各种增值服务。例如,个性化列表Shopee Feed,用户可以关注自己喜欢的商店,浏览商家新添加的产品。"聊聊"是内置的即时消息功能,买方可以直接快速地得到卖方的回复,卖方也可以与客户建立更深层次的关系。2017年Shopee推出的Shopee Mall,展示了官方品牌和畅销商品,让消费者更有信心购买多样化商品。同时,平台也为商家提供高质量的培训和服务,帮助它们开店和后期运营等。

(三) 平台发展空间

1. 资金雄厚

腾讯拥有Shopee 40%的股份。2018年,平台交易总额达到103亿美元,同比增长149.9%,应用下载量超过1.95亿。

2. 市场潜力大

东南亚人口多、消费潜力很大。东南亚总计有6亿人口,其中30岁以下的青年人口超过50%,中产阶级正在迅速崛起,并且智能手机的普及率正在提高。人口结构年轻,经济发展快速。

东南亚电子商务市场前景广阔。目前,东南亚的电子商务销售额仅占社会总销售额的1%～2%,而中国的电子商务销售额已经达到社会总销售额的15%。由此可见,东南亚的电子商务市场的增长空间很大。2018年,Shopee App成为东南亚唯一流量呈正增长的最大电子商务平台,全球C2C市场下载量排名第一。目前,东南亚已被认为是一个潜力巨大的电子商务区域版块。

3. 进入门槛低

保证金、入驻费和年费全部免费。入驻的前3个月,平台佣金是免费的,3个月后将收取交易金额的3%～5%作为佣金。操作简单,订单下达迅速。

4. 社区粉丝多

Shopee社群媒体拥有800多万粉丝,平台拥有6000多万粉丝。运营部在广告方面做出了很多努力。Shopee的代言人是BLACKPINK。BLACKPINK出道的时间和Shopee成立的时间差不多,而且第一首单曲就上升至东南亚第一。

5. 政策支持

中国进出口政策的不断完善,促进了跨境电商的快速发展。中国的跨境电商出口在制造业基础、电商服务生态、政策和产业经验方面处于世界领先地位,并逐渐成为国际贸易的新动力。2013—2017年,中国跨境电商出口在对外贸易中的比重从2.2%上升到7.7%,到2018年规模已超过万亿元。

Shopee平台的入驻商家代表如图2-8所示。

图2-8 Shopee平台的入驻商家代表

三、Shopee站点简介

(一)站点概况

Shopee是一个专注于东南亚市场的移动平台,采用的分站模式和亚马逊类似,共有7个站点,每个站点都是独立的。目前面向中国商家开放跨境电商业务的平台包括:中国台湾地区、新加坡、马来西亚、泰国、越南、菲律宾和印度尼西亚。中国台湾地区和马来西亚是目前最成熟和最畅销的网站。

分站点模式的好处是适用于当地。东南亚市场不同于中国市场,东南亚市场的每个国家都有不同的国情和不同的消费、购买习惯。例如,菲律宾由于长期受美国影响,其消费习惯与美国人相近。

(二)市场数据

Shopee跨境市场基本信息见表2-1。

表2-1 Shopee跨境市场基本信息

市场	人口	人均GDP/USD	平台语言	支付方式
越南	9649万人	2564	越南语	货到付款/在线支付
中国台湾地区	2350万人	22540	繁体中文	货到付款/在线支付
马来西亚	3100万人	9503	英语	在线支付
印度尼西亚	2.61亿人	3570	印尼语/英语	在线支付
泰国	6886万人	5908	泰语/英语	在线支付

续表

市场	人口	人均 GDP/USD	平台语言	支付方式
新加坡	560万人	52 961	英语	在线支付
菲律宾	1.03亿人	2951	英语	货到付款/在线支付

中国商家在 Shopee 售卖的热门商品类别见表 2-2。

表 2-2　中国商家在 Shopee 售卖的热门商品类别

站点	热门商品类别
越南	美妆护肤、时尚配饰、3C品类、家居用品母婴用品等
Shopee 全站	美妆保健、母婴用品、服装配饰、流行鞋包、家具装饰、3C电子
马来西亚	母婴玩具、保健品和化妆品、女装、3C品类等
中国台湾地区	女装（日韩风格）、保健品和化妆品、家居品类、3C品类、男装、户外等
印度尼西亚	时尚配饰、女包、化妆品、母亲和儿童、手表等
泰国	保健品及美容产品、3C类、家居类、女装、时尚配饰类
新加坡	保健品和美容产品、女装、电子配件、家居用品、儿童玩具等

（三）入驻路径

中国商家进入 Shopee 站点的具体路径可分为跨境和内贸，以下为根据商家的经验推荐规划的站点路线。

Shopee 站点入驻顺序见表 2-3。

表 2-3　Shopee 站点入驻顺序

商家类别	首站建议	初步拓展站点	深入拓展站点
跨境商家	马来西亚	菲律宾、新加坡	印度尼西亚、泰国、中国台湾地区、越南
内贸商家	中国台湾地区	马来西亚、泰国	菲律宾、印度尼西亚、新加坡

建议跨境商家第一站选择马来西亚。马来西亚的网站风格偏欧美化，本土商家和产品相对稀缺，跨境产品有很大的发展机会。跨境商家可先通过马来西亚网站熟悉平台操作规则，之后逐渐发展到菲律宾、新加坡等站点。

国内商家可以选择中国台湾地区作为第一站。我国大陆和台湾有着相同的文化和语言，这里的电子商务市场相对成熟，也是国内商家首次出海的最佳选择。商家此后可以进入马来西亚和泰国市场，并继续扩展到菲律宾、印度尼西亚和新加坡站点。

使用了一店通 SIP 之后，所有主要站点都可以在一个商店中操作，相对方便。

四、Shopee 平台 7 大站点

（一）中国台湾地区站

目前商家注册 Shopee 时，首批入驻网站为平台随机分配，不能进行选择。

中国台湾地区站是 Shopee 在中国的畅销网站，可以用中文直接沟通。但是中国台湾地区的市场进入相对困难，站点价格战非常激烈，客单价最高，物流时限约为 5 天。适用于内贸电商

转型跨境电商的商家。

（二）马来西亚站

注册Shopee时首批分配的网站中,也包括马来西亚站。它也是目前最成熟的站点。马来西亚主要以英语交流,适合亚马逊、Wish、速卖通等跨境电商平台的商家拓展东南亚市场。虽然马来西亚因其低价导致多数商家不愿意选择,但是马来西亚人的消费能力在逐年增加,物流时限为7~10天,第一个站点完成后,只要商家完成5个订单,就可以找运营经理开通下一个站点,因此这个网站仍是新跨境电商的首选。

（三）印度尼西亚站

印度尼西亚是Shopee发展最快的小语种网站,并有望在未来成为东南亚第一大电商市场。由于语言的原因,商家不能直接用英语进行交流。虽然Shopee官方为热卖产品提供了客户服务和翻译服务,但在实际操作中响应相对缓慢。

（四）泰国站

泰国是Shopee发展最快的小语种网站之一,有望成为东南亚第二大电子商务市场。由于不能直接用英语交流,并且Shopee官方的翻译服务缓慢,在跨境线上交易中同样存在一定的语言障碍。

（五）菲律宾站

菲律宾是东南亚的第二人口大国,市场潜力巨大。

菲律宾的Shopee网站相对比较完善,产品只要满足本地化的条件即可,能够直接用英语进行交流。

（六）越南站

越南是东南亚的第三人口大国,市场潜力很大。

越南是小语种站点,不能直接用英语交流。虽然发布的订单数量很少,是站点中最容易被忽略的,但是越南站是转化率最高的站点。

（七）新加坡站

新加坡的总人口不到700万,市场相对较小。新加坡可以用汉语和英语进行交流。新加坡电商建设也是东南亚最好的,物流速度很快。

虽然新加坡站客单价在Shopee的7个网站中最高,但是店铺运营总额相对较低。由于这里的电子商务环境、语言和买家素质较好,可以考虑顺便运营这个站点。

【课外拓展2-1】

合 作 伙 伴

Shopee平台的合作方包括支付方案、ERP系统、物流服务商、媒体合作商等。

1. 支付方案

Lian Lian,连连跨境支付属于连连银通电子支付有限公司,成立于2003年,注册资本3.25亿元,是国内领先的独立第三方支付公司,在多个国家和地区建立了海外特许金融公司,并与世界上许多知名金融机构和电子商务平台建立了合作关系。

Payoneer(派安盈)向200多个国家提供24小时跨境支付服务,借助Payoneer快速、灵活、安全和低成本的解决方案,发达和新兴市场的企业和专业人士可以像在本地企业一样,轻松地在全球范围内进行支付和接收款项。

PingPong(杭州呯嘭智能技术有限公司)是第一家为中国跨境电商商家提供全球收款的企业,致力于为中国跨境电商提供低成本的海外收款服务,帮助中国企业获得公平的海外贸易保护。

2. ERP系统

ERP系统是上海胤元电子商务有限公司的旗舰产品,是专业的跨境电子商务ERP软件,提供了订单管理、物流管理、商品管理、客服管理、采购管理、仓库管理、销售管理等全过程的服务,各种特色工具满足了商家的不同需求。

芒果店长,深入打通电子商务平台、物流仓储和商户,通过电商大数据和云技术,提供优质商品供应、物流对接、仓储管理和智能网上店铺运营等多维服务,为中国电子商务商家提供一站式的网上店铺运营管理服务。

店小秘是深圳美云集网络科技有限责任公司的旗下产品,为全球电子商务商家提供一站式服务的SaaS系统。它与电子商务平台、物流和商家都有深入的联系。通过大量电子商务交易数据,提供行业趋势、高质量商品供应、资本供应和买方营销等多维服务。

通途(深圳市爱商在线科技有限公司)成立于2010年,作为软件服务提供商为国内跨境电子商务提供解决方案,具有自主知识产权的软件产品主要为通途ERP。

3. 物流服务商

嘉里大通物流(嘉里物流联网有限公司)是以亚洲为基地的多元化集团,主要业务包括综合物流、国际货运代理、快递、供应链解决方案、港口管理和运营以及货运保险。它是亚洲的重要物流服务提供商,拥有全球市场。

圆通速递(上海圆通速递有限公司)成立于2000年,集速递、物流、新技术、新零售等业务,拥有航空货运、国内外协调发展,致力于成为全球领先的综合快递物流运营商和供应链集成商。

雨果网作为跨境电商的智能服务平台,在全国率先建设"雨果网全球跨境电商中心"。作为全球跨境电商生态集聚区,有助于现有的跨境电商商家向全球销售商品,也有助于传统外贸企业转变为跨境电子商务,最终实现品牌出海。

4. 媒体合作商

亿邦动力网成立于2007年,是中国重要的电子商务知识平台,包含了零售电子商务、智能商务、跨境电商、农村电商、国际电商和产业电商等许多领域,提供全行业知识服务平台。

鹰熊汇已成为跨境电商行业生态连锁服务、跨境电商培训、跨境电商猎头、跨境电商会展服务的重要品牌。

第二节 Shopee 规则详解

在Shopee的帮助中心,可以看到各类目的规则和问题解答。目前主要类别包括账户安全及其他、订单和付款、销售和计费、装运和交货、购物中心、退换货等。

一、注册与认证

Shopee 商家注册账户共有 6 个步骤：申请入驻、接收审核通过结果、填写上新表、对接物流和支付、准备店招、开通账号等，如图 2-9 所示。

图 2-9　Shopee 商家注册流程

完成注册后的商家即可开始管理店铺。Shopee 商家中心如图 2-10 所示。

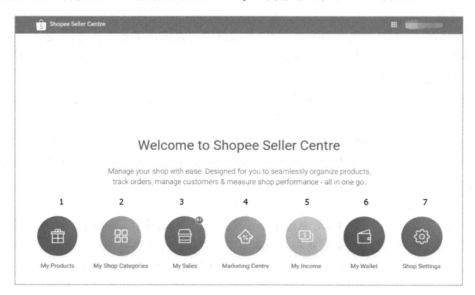

图 2-10　Shopee 商家中心

二、收费标准详解

（一）服务费

平台于 2019 年 1 月 1 日起，开始向商家收取 2% 交易手续费。这些费用实际上是需要支付给交易结算服务商的费用，在此前一直由 Shopee 承担。商家可以在"商家中心—我的收入—我的税务发票"中找到服务费。

服务费是针对所有非平台和购物者平台商家的产品销售收取的费用,此费用对于注册了免费送货套餐的商家来说是可变的。服务费的计算方法是按产品标价的3%进行计算。购物中心和非购物中心商家的服费计算细目区别。只有参加过免运费套餐的商家才会收取服务费。服务费的支付方法是在订单完成后,直接从商家的付款中扣除。

(二) 佣金

在 Shopee 上,保证金、入驻费、年费这3项全部免费,现在入驻 Shopee 不收取任何费用。

Shopee 为首次进入平台的新商家提供3个月的免佣期。新商家在每个站点的免费时间从商家在相应平台上开店之日开始计算。在3个月之后,将开始收取交易额3%～5%的佣金。

不收取佣金的情况包括买方或卖方已取消订单,或订单上有退货、退款。

佣金的计算方法:以交易金额的3%～5%作为佣金,仅适用于已完成的订单。此处交易金额是订单金额减去卖方提供的所有折扣,不包括运费。

(三) 运费补贴

Shopee 为各站点分别设置了运费补贴政策,包括重量或固定运费等影响因素,如图2-11所示。

图 2-11　Shopee 商家运费补贴

此外,Shopee 还提供商家运费促销服务。商家运费促销是一项新功能,介绍给选定的商家后,这些商家可以创建自己的运费促销,以吸引买家从它们的商店购买产品。商家可以根据每件商品的快递服务提供商,来配置它们想要补贴的金额。

免费送货凭证仅适用于购物者送货费促销,并且仅当订单值达到符合购物者送货费促销条件的最低花费时才能使用。

如果同时有商家自己的运费促销和购物者运费促销,结账期间仅应用一个发货促销。必须使用免费送货凭证才能使购物者的运费促销生效。如果购物者和商家的运费促销都可用,并且使用了免费运费凭证,则将应用折扣值较高的促销。如果购物者的运费促销不可用或未使用免费运费凭证,则将应用最适合的商家运费促销。

【课外拓展 2-2】

收 款 方 式

1. 平台收款方式简介

每个平台站点都有完整的本地收款方案。开始交易时,平台启动支付担保、托管货款。交易成功后,平台将货款和运费补贴转移给卖方,通过第三方支付合作方 Payoneer 给卖方打款。

2. 关联 P 卡结算

如果付款人没有注册 Payoneer,商家中心后台可以注册 P 卡(见图 2-12)。如果已经有了 P

卡，商家中心可以在后台绑定 Payoneer 账号，进行结算返款。

图 2-12　P 卡示意图

（1）付款金额：购物者在交易成功后启动付款担保，平台保管付款，并将付款和运费补贴转移给卖方。P 卡打款金额最低为 15 美金。

（2）付款期限：Shopee 的付款期限为每 2 周一次，分别为月初和月中，付款金额为付款日期前两周内完成的订单。

（3）付款类型：新加坡站点用新币结算，其他站点使用美元结算。买家支付的时候可使用当地货币。

第三节　实　　训

在了解平台各项规则之后，本节将主要讲解 Shopee 软件的下载和安装，以及一般商家如何进行平台注册。

一、Shopee 下载与安装

本节的实践目标为完成手机上的 Shopee 软件下载和安装。以下是具体的操作流程介绍。

（一）下载手机应用

1. Android 版本

安卓手机可通过应用商店搜索"Shopee"下载，如图 2-13 所示。或使用官方网页等提供的安装包进行下载。

图 2-13　搜索 Shopee 安卓版本

用手机扫描二维码后，跳转至浏览器的链接地址，进行应用下载操作（见图 2-14）。

图 2-14　打开 Shopee 下载地址

2. iOS 版本

苹果手机可在 App Store 中直接搜索下载使用。Shopee 应用图标如图 2-15 所示。

图 2-15　Shopee 应用图标

中国台湾地区站点可在中国区搜索关键词"Shopee",下载 Shopee 的版本"蝦皮拍賣"。其他站点均可直接搜索关键词"Shopee"进行下载。

Shopee 应用简介如图 2-16 所示。

(二) 安装

(1) 点击手机应用商店界面的"安装"。

(2) 等待安装进度条完成后,即可点击"打开",进入 App。

同时,应用图标也出现在手机屏幕中,下次登录时可以使用。

Shopee 应用开始界面如图 2-17 所示。

图 2-16　Shopee 应用简介

图 2-17　Shopee 应用开始界面

点击"START"(开始),进入 Shopee 应用首页(见图 2-18)。

在 Shopee 首页可以看到主推的商品和正在举办的活动。

(3) 点击菜单"Me"(我的),进入设置界面(见图 2-19)。

可以在右侧选择登录或注册(见图 2-20)。

(4) 完成 Shopee 账号的登入。

语言可以设置为中文。

本节的实践原理主要根据说明操作软件,参考标准见软件内部的相关说明,相关拓展包括初次使用 Shopee 软件时涉及的其他功能。

二、Shopee 注册与登入

(一) 整体流程

准备好所需的电子版资料,包括文件的扫描件、截图和照片等。

在官网填写相关信息并提交申请,等待 Shopee 平台审核信息。如果审核通过,会收到后续的联系信息。

完成注册后,登录 Shopee 官网,设置店铺与商品,开始日常运营。

图 2-18 Shopee 应用首页　　　　　　　　　图 2-19 Shopee 应用设置界面

图 2-20 Shopee 账号登录或注册

（二）注册

（1）打开 Shopee 官网申请入驻，网页地址是 https://Shopee.cn/，选择简体中文，如图2-21所示。

图 2-21　选择 Shopee 官网语言

（2）填写基本申请信息。

基本信息包括手机号验证、用户名、密码、电邮和邀请码等，如图 2-22 和图 2-23 所示。

图 2-22　验证手机号

（3）点击确定，提交注册申请，如图 2-24 所示。

图 2-23 填写注册资料

图 2-24 成功注册 Shopee

(4)获得官方运营人员的联系方式,使用 QQ 发送相关资料文档。
需上传的文件具体清单如下:
①其他店铺链接参考;
②SKU 数量;
③其他跨境平台店铺流水(多张);
④身份证正反面、手持照片;
⑤营业执照正面。
说明:以上文件中,除了店铺链接为文字形式,其他均为图片。
还需填写一个 Excel 的申请表并提交,参考如下(见表 2-4):

表 2-4　Shopee 新商家入驻申请表模板（马来西亚站点）

商家信息	获知 Shopee 的渠道	
	公司全称	
	营业执照编号	
	公司人数 （限直接支持电商业务员工数量，包括运营、 客服、编辑、美工、仓管发货人员、采购等）	
	是否有工厂	
	其他跨境电商平台 （不支持内贸）	
	其他平台链接 （请填写所有商家运营的平台的店铺链接）	
	所有在运营跨境平台 listing 数量 （eg. 1 款连衣裙有 3 个颜色 7 个尺寸，算 1 款 listing）	
	商家线上所有店铺总日单量 （请填写所有平台日单量总和）	
	经营品类 （可写多种）	
	平均售卖价格 （币种：美金）	
联系人信息	联系人	
	职位	
	手机号	
	注册邮箱	
	QQ	
退货地址 （异常包裹收件地址）	省 （请从下拉菜单中选择）	
	市/区/镇/街道详细地址　务必填写成中文	

（5）获得审核结果。可通过邮件或联系对接的招商经理，一般需要 3 个工作日。

通过审核后，将得到 Shopee 的商家账户和密码。

（三）登入

（1）获取账号、密码。

Shopee 账户和密码会通过电子邮件的形式发放至商户手中。

（2）登录 Shopee 平台。

打开 Shopee 网站，选择登录后，分别输入账户名称、密码，确认并打开网页卖场，如图 2-25 所示。

图 2-25　输入名称密码登录 Shopee

(3) 修改密码。

收到平台发放的初始密码后,需尽快登录商家中心,修改密码以提升店铺的安全性,如图 2-26 所示。

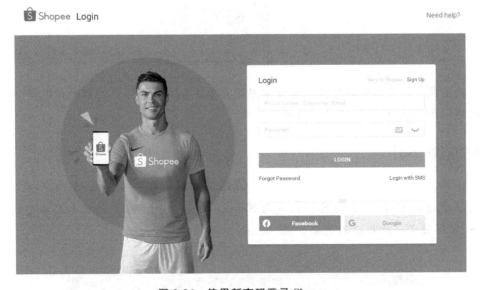

图 2-26　使用新密码登录 Shopee

(4) 完成店铺的准备工作。

进入店铺后,需要进行几项基础的开店准备工作。

具体准备包括:

①填写上新表,即根据平台要求填写批量上新的产品表格;

②对接物流与支付,应分别根据各站点的规则对接物流与支付;

③准备店招,准备店铺装修的文字和图片资料等。

(5) 成功开通账号,Shopee 工作人员与商家完成对接,如图 2-27 所示。

图 2-27　Shopee 商家中心后台

本节的实践原理主要是根据说明操作网站页面,参考标准见网页的帮助说明等,相关拓展包括初次使用 Shopee 网站时涉及的其他功能。

【课外拓展 2-3】

Shopee **优选商家**

Shopee 优选商家(Preferred Seller)是由 Shopee 平台进行把关,挑选出的商品受欢迎、提供良好服务、获得买家一致欢迎的商家。Shopee 优选商家如图 2-28 所示。

图 2-28　Shopee 优选商家

优选商家的优势如下。

(1) 商店头像和商店中的所有商品都标有"Preferred"标志,买家对有标志的店铺有更多的信任和认可,这有利于提高店铺的转化率。

(2) 在优选商家店铺中,买方可以使用购物积累的 Shopee Coin 来抵消购买金额。

Shopee 平台各市场优选卖家评选标准如下(见表2-5)。

表2-5　Shopee平台各市场优选卖家评选标准

评选项目	泰国	中国台湾地区	新加坡	马来西亚	印尼	越南	菲律宾
过去日历月最少的净订单数	100	50	30	75	100	100	50
贡献订单量的最少买家数	15	25	10	35	25	50	10
最高订单未完成率	5%	5%	5%	5%	5%	5%	—
最高迟发货率	5%	5%	5%	10%	5%	10%	—
最低聊聊回复率	75%	80%	70%	70%	80%	80%	70%
最低店铺评分(实时)	4.5	4.8	4.6	4.6	4.5	4	4.5
预售商品最高占比	20%	50%	30%	20%	20%	20%	20%
最高卖家惩罚计分	0	0	0	0	0	0	0

除印尼站点外,各站点评选优选商家时,除了需要满足表格中相应评分项目的标准之外,还需满足其他附加条件。

【课外拓展2-4】

Shopee Coin

Shopee Coin 是 Shopee 推出的官方虚拟货币,简称虾币。消费者在 Shopee 平台上成功交易后,就可以获得 Shopee Coin,但不能兑换现金或转让。买家在 Shopee 认证的优选商家店铺购买产品时,可以使用 Shopee Coin 来抵扣相应消费金额。

本章小结

本章的内容主要包括 Shopee 平台的介绍与店铺入驻的基本规则。

Shopee 是东南亚市场领先的跨境电商平台,中文名多称为虾皮。Shopee 有东南亚6国和中国台湾地区共计7个站点,在东南亚经济和电商迅速发展的背景下,以其简单的运营模式、完善的服务体系等优点,逐渐成为国内知名的跨境电商平台。

Shopee 的入口包括电脑端网页和手机 App,中文版应用可以通过 App 商店或官方渠道下载安装。商家注册时需要根据相关提示流程,分别进行信息填写、资料提交、审核、完善后台等步骤。Shopee 平台有一定的免费期限和优惠政策。

复习思考

1. 综合 Shopee 平台的优点和7个站点的特色,选出你最希望开店的2~3个站点,并分别说明理由。

2. 你在注册 Shopee 平台时有没有遇到问题,是如何解决的?哪些步骤和要点是最需要注意的,总结并给出一份清单。

3. 登录 Shopee 商家中心后,找出 3 个重要的功能,分别列举内容和相关操作。

答案与提示:

1. 可根据教材内容,分别列出平台优点、站点特色。自己查阅资料后,结合两者给出选择和理由,符合平台现状和各站点特色。

2. 具体问题请根据各人实际操作进行总结。

3. 在 Shopee 后台页面,可看到左侧菜单栏的功能列表,分别在前几个大的类目中挑选最常用的子功能,列出菜单内容说明和实际操作步骤。

第三章
跨境电商选品与采购

**KUAJINGDIANSHANG
YUNYINGSHIWU**

更多学习资料请扫二维码

本章概要

在跨境电商的店铺经营过程中,商品的质量直接决定了商铺的成交量,选品对营业额的影响至关重要。本章通过对跨境电商的选品原则和网络采购进行介绍,帮助学生了解并掌握 Shopee 选品和采购原则。其中,第一部分为跨境电商选品原则,主要包括了解东南亚市场需求和使用选品工具,以达到在 Shopee 上找到热卖商品和市场的目标。第二部分为跨境商品网络采购,包括网络采购模式和判断货源优势等。第三部分为实训,将通过实际模拟完成 Shopee 平台美妆店铺选品,实践本章的选品和采购操作步骤。

学习目标

1. 了解跨境电商的选品原则;
2. 了解东南亚的市场需求;
3. 掌握 Shopee 选品工具的应用;
4. 能分析跨境商品网络采购模式;
5. 会判断网络货源的优势;
6. 熟练操作 Shopee 的选品。

第一节 跨境电商选品原则

在正式开店之前商家需要到 Shopee 平台找商品与市场,并判断哪些是热卖商品,以决定店铺接下来如何进行备货和宣传投入等工作。

一、了解东南亚市场需求

(一)东南亚市场简介

在过去几年中,东南亚的电子商务市场发展迅猛,从事跨境电商的卖家越来越多,阿里、京东等国内电子商务巨头也已经将目光投向了东南亚地区。相对而言,随着近年来中国电子商务的兴起,物流成本越来越高、价格利润较低,国内市场逐渐从最初的蓝海市场转变为极具竞争力的红海市场。

东南亚的主要国家有越南、菲律宾、泰国等。在人们的传统印象中,可能认为这些国家比较贫困,消费能力不如中国中西部地区,更不能和欧美国家相比。但事实上,近年来随着东南亚国家的中产阶级快速崛起,当地年轻人口基数变大,智能手机普及率不断攀升,电商的发展空间很大。以新加坡为例,随着消费者上网频率和手机购物频率的日益增加,预计该地区电商规模在 2025 年可达 880 亿美元,约为现在的 15 倍。

东南亚作为快速增长的亚洲跨国市场,人口数量约有 6 亿,差不多是美国的 2 倍。东南亚的六大市场包括印度尼西亚、泰国、新加坡、马来西亚、菲律宾和越南。根据预测,东南亚的智能手机用户在 2020 年可达 2.57 亿人,将超过美国,网民数量可增长至 4.8 亿。据美国媒体报道,东南亚的互联网经济(包括在线购物)将在未来 10 年增长 5 倍,预计经济总额可达 2000 亿美元。

(二)注意事项

东南亚地区的市场相对分散,每个国家也都有各自的监管规定和独特的用户需求。这些都需要商家在入驻各国市场前了解清楚,以做好本土化销售。

1. 气候炎热

东南亚地区的气温整体偏高,基本上长期处于夏天,在店铺上架的商品要注意和天气匹配。尤其是服装类网店,卖羽绒服、棉鞋、厚衣裤等可能没有销路。

2. 长袖服饰较多

因为多种原因,女性在公共场合一般不穿短袖,需要穿长袖服装。无论是衣服、裤子,或者夏装、游泳衣等,也都要求是长袖、长裤。亚洲人以白皮肤为美,一些人也会穿长袖以防晒黑。此外,他们的交通工具和商场空调温度较低,也需要穿长袖保暖。

3. 宗教忌讳

印度尼西亚和马来西亚这两个站点穆斯林较多,占据了东南亚约一半的市场。在跟卖热点的同时,也要注意宗教忌讳。

4. 付款习惯

除了新加坡和马来西亚之外,其他地区由于条件相对落后,电子支付尚不普及,所以当地人更习惯于货到付款。如果不做货到付款,基本上就相当于放弃了这个市场。不过采用货到付款也存在一定风险,所以商家可以优先从价值低的产品入手。

5. 其他事项

商家需要注意货源地和代发时效性等问题,也要及时关注 Shopee 平台鼓励的产品发展方向,同时可以挖掘有一定市场份额的小众需求。例如,Shopee 的女性用户约占 80%,女装、美妆、母婴类产品是热门品类,同时竞争也会很大。Shopee 作为一个综合平台也希望丰富产品种类,商家可以拓展男性用户的产品,比如男装、汽车类等。这类产品因为做的人不多、竞争小,更容易参与活动。

二、选品工具的应用

(一)选品必要性

无论使用哪个电商平台,最重要的都是产品选择和店铺运营。选品作为非常重要的一步,卖家在选品前首先应分析产品的市场表现,考虑市场容量、是否存在溢价空间、平均价格、同质化等因素。此外,卖家选择产品的货源网站主要是 1688 和淘宝,可直接从类似网站上复制产品到自己的店铺上架。选品前期的调研分析也很重要,否则 Shopee 上之此类产品市场可能饱和,这就会导致商品单一、流动性差等问题,进而影响店铺销量。

不想成为爆款的产品不是好产品。商家在选品时,最好有将其打造成为爆款的决心,在这种条件下推出的重点产品更有可能成功。而打造爆款的第一步,就是挑选正确的商品。商家所选产品应适应店铺、平台和当地的状况,并符合买家当前的需求。选择热搜产品并不断进行打磨,可以帮助商家赢在起跑线上,率先获得流量红利。

在开展电商工作之前,商家需要有一定的了解和周到的计划。不应等到问题出现后,才去思考怎么做。当准备工作不足时,一方面可能会错过最佳的问题解决时机,另一方面也容易因为前期条件缺乏而走向失败。虽然跨境电商 Shopee 平台已经相对简单而且方便使用,事先做好准备功课仍非常必要。

(二)选品的来源

选品来源主要分为两部分:一部分可以在 Shopee 平台内可以找到,另一部分可通过 Shopee 平台之外的工具获得。

(1)平台内的选品来源主要包括官方周报、公众号、主页排序、类目导航和热销版块等。

①Shopee 官方周报。每周都有官方的热销产品的汇总和选品建议,在平台注册成为商家后,会有相关负责人每个星期分享资料,也可以联系官方的客服获取。

②官方微信公众号。在这里可以了解到一些日常的热销产品数据,可以考虑根据平台数据选品,适用于店铺的主要商品,参考价值相对较高。

③官方首页和前台搜索页面。在平台主页上,排名靠前的商品,通常热度都比较高。这里要注意,出现在第一排的多为广告产品,并不是热销商品。

④类目导航和闪购部分。分别点击不同的类目进去,可以看到最新的活动或者相应的热销产品。

⑤热销产品模块。热销产品有一个单独的展示位置,会根据顾客搜索习惯进行调整。

(2)平台外的选品来源包括淘宝、抖音、Lazada、1688 等平台。

淘宝、天猫等国内的购物网站。因为东南亚距离中国较近,文化和消费均会受到影响,通常这些平台热销的商品在东南亚也比较受欢迎。

①抖音在东南亚也是流行的短视频应用,选品时可以参考抖音上的热门产品。

②Lazada、Q100、Tokopedia 等东南亚电商平台。虽然平台类型不同,但消费者都分布在东南亚,品类相似。尤其是 Lazada 作为 Shopee 的对标平台,选品类目值得参考。

③1688、拼多多、越域网、批发户网等货源网站。在货源供应网站中,1688 是规模相对大、品类数量多的网站,可以根据商家在上面铺货的数量和变化发现新趋势。有时淘宝的价格可能会更便宜,很多商家会采用免运费的设置。

如果有东南亚当地的朋友或出行考察的条件,可以在交流、旅游中去发现他们的需求。

(三)Shopee 选品工具

(1)Shopee 内部的选品工具包括搜索框、产品标签等。可以参考使用 Shopee 本身的关键词工具,并结合外界工具来优化自己店铺的产品,还可以通过搜索站点本身的热销数据进行选品。

①平台内部搜索框。以常用的马来西亚站为例,登录马来西亚站主页 https://shopee.com.my/后,搜索框会在页面上方显示出来。输入感兴趣的产品类目名称的关键字,会在页面下方出现一些热搜的关键字。参考这些相关的类目关键字,可以选择性地使用在产品上面,或者适当修改部分,但保持主要的关键字不变。这种方式既可以作为选品参考,进一步拆分词语进行二次搜索,也可以加大被搜到的可能性。

②产品标签。打开 Shopee 中要添加标签的商品,在商品描述界面添加"#",后面加上关键

字,就构成了一个标签。单个商品最多设置 18 个标签。可以参考标签模板:"一级类目＋二级类目＋产品＋风格＋材质＋热搜标签＋店铺名",如图 3-1 所示。

【產品特點】

【產品電池】:使用組扣電池超省電

表的背面有一個長方形的按鈕,可以方便地對液晶熒幕背光進行開關

表盤采用玻璃液晶顯示時間,時間清楚.

是家裏和車上的理想時間表.

溫度低會降低吸盤吸附力,在吸盤上塗抹點水就 OK 了

【使用建議】:粘貼電子鐘表前請先將被吸附的表面清洗幹淨,如果吸盤沾點水效果更佳!

#車載#汽車百貨#汽車用品#精品#掛飾#美容#愛車美容#現貨#車用風扇#LED 燈飾#時鐘

图 3-1 商品标签

③关键字。可以根据相似类目的热销店铺寻找关键字,注意要排除做广告的产品。根据销量和各项指标的具体排名,综合信息优选靠前的产品。可以看到描述许多相关产品的关键字,所有这些都属于热门搜索关键字,是可以使用的。不要完全复制,根据自己产品的特点进行适当修改。

Shopee 后台会根据产品标题推荐相应的关键字,市场周报也会汇总最热门关键字和流行趋势变化,这些都是比较好的官方信息来源。

此外,还有其他的平台内置工具可以使用,具体请根据实际操作进行探索。

(2)外部工具主要是一些网站类应用,比如关键字、数据等。

①关键字工具网站。例如 Keyword Tool 网站,该网站提供了很多热门的关键字,也包括来自各大平台的关键字数据统计。登录网址 https://keywordtool.io/后,输入类目名称,很多常用的关键字和长尾词就会出现。参考热销产品的关键字,创建自己商品的关键字,可以保证热度,如图 3-2 所示。

②热门数据网站。可以根据一些热门商品的数据进行 Shopee 产品的选择,有不少数据统计或分析可以参考。

(四)选品要点

1. 研究关键字

商家需要对产品的关键字进行研究。可进一步测算关键字流量、分析异同,从选取大流量词、精准竞价到挖掘爆款,构成全闭环式运营。

2. 参考产品数据

应对产品数据进行相对全面的把握。平台每天更新的商品数据体量很大,要及时监控目标市场。最好能进行趋势预判,推测出可能的新品,以占据优势。可参考的指标包括竞品销量、关键字排名等,做到知己知彼。

图 3-2　Keyword Tool 网站

3．多维度筛选

全方位搜集并参考市场情报,具体维度包含价格、销量、BSR 排名、类目等,以发掘空间较大的商品,确定店铺的上新范围。

4．精准预测销量

使用相对可靠的销量预测工具,通过统计历史销量、排名并进行分析,得出历史销售趋势。同时精准预测产品未来销量,可以有效地选品、备货并减少风险,掌控全局。

5．挖掘潜力新品

深入分析相关产品的流量来源、用户反馈,发现销量、行业和市场的发展趋势,同时发掘最具成长潜力的商品,定制店铺的爆款产品。

6．洞悉市场机遇

争取从整体视角发现和洞察 Shopee 各站点的情况,包括指定类目的消费者喜好和细分市场发展方向,为店铺提供尽量全面的市场分析报告以供参考。

第二节　跨境商品网络采购

当前通过网络就能够购买到世界各地的货物,或者将货物卖到世界各地,在经济全球一体化的时代,跨境电商贸易已不是空谈。由于网络经济与采购模式的不断发展,跨境电商的采购模式也在逐渐发生转变。

一、网络采购的模式

(一)网络采购模式概述

由于网络经济与采购模式的不断发展,许多跨境电商都逐渐从传统的集中采购模式向新型的网络采购模式转变。这样也有利于降低成本和提高效率。当前,跨境电商之间的竞争日趋激烈,产品同质化现象日益严重,在市场竞争中必须对成本加以控制。因此,了解和应用跨境电商的采购模式就显得非常重要,重点主要聚焦在采购和库存管理等方面。

网上采购是以计算机和网络技术为载体,通过使用网络的成熟、便利工具,对产品和供应商来源进行寻找。它利用了网络信息的便捷和高效性,进行产品的性能、价格等指标对比,将线上信息处理和线下实际采购结合为一体,是一种新的采购模式,也是网络时代中,企业增强竞争力、降低成本、提高经济效益的最佳模式。

采购作为店铺运营必不可少的环节,在实际操作中会遇到各种各样的问题。比如,采购货品过多会导致商品滞销、资金不能周转,采购产品过少又会损失流量、影响买家购物体验等。科学合理地做好采购工作,对店铺的正常运转很重要。它既能节约人力、财力等成本,也可以控制备货数量,避免压货或缺货现象的发生。在不断地实践、纠错过程中,持续总结经验,寻找店铺的最优方法,对跨境电商良好发展有很大的意义。

(二)跨境电商采购模式

采购是指借助一定方式从资源市场获取产品的整个过程,通常为企业购买货物和服务的行为,这也是企业活动的一个重要经济行为。没有一个市场实体可以离开采购,跨境电商也不例外。在电商环境下,采购模式已得到扩展。

1. 按集中度分

跨境电商按集中度来分,主要分为集中和分散采购模式。

1)集中采购模式

跨境电商整合各个生产经营单位所需要的零散采购计划,通过大批量的合同类物资,提高单次订单在境外采购的数量,并以此与境外供应商进行洽谈,以控制采购成本。

2)分散采购模式

跨境电商的各个生产经营单位都具有独立的采购权,能够根据内部需要分别进行采购管理。

2. 按采购来源分

按采购来源来分,可以分为供货商、货源网站、海外采购等形式。

1)供货商采购形式

在供货商采购中,卖家需要建立起自己的供货商名单,即分类管理有相同货源的供应商。这样整理后,对每个供货商采购过哪些产品可以一目了然,也有助于减少采购成本。因为与多家分散购买相比,集中在一家供货商进行采购会更划算。不仅采购量多能有优惠,而且运费能省下不少。另外,如果有商品临时缺货,商家也可以及时从其他供货商处采购,以保证货源正常供应,不影响店铺的销售。

2)货源网站采购形式

1688作为跨境电商商品采购的最大平台,卖家在采购时,首先需要登录1688平台,找到相应页面并下单。采购订单可以在第三方ERP等软件上手动创建,然后输入相应的商品、价格、运费等,还需要人工监督是否发货以及物流状态等。

3)海外采购形式

海外采购也可以分为几类,跨境电商企业常用以下方式购买海外货源。

(1)成为海外知名品牌的授权代理商,或者引入品牌直营。这种是最直接的方式,也能够保证正品货源，但门槛较高，通常只有大企业和平台才有合作的可能。

（2）与品牌商和供应商建立直接供货渠道，即直接到品牌厂家或原产地进行采购。这是不能成为授权代理商时的替代办法，但操作时需要可以周转的大规模资金。

（3）在海外大型超市采买商品并进货，这是多数中小企业和代购的常用方式。优点是能够买到更加丰富、多元化的海外商品，缺点是价格相对昂贵，利润空间较低，而且海外仓和物流运输这两点需要自己来解决。

（4）在海外电商网站上购买产品，也是普通商家可以采取的一类方式。和海外超市采买相比，这种方式的仓储和物流更容易解决，但是需要相对专业的外语买手团队进行操作，人力成本较高。

在近期的相关政策改革后，跨境进口电商的竞争已经从价格转向商品质量和用户体验。中小企业必须设法降低成本、提高优势，以保持利润，持续发展。在这种情况下，公司选择和专业供应链服务商合作也是一个发展方向。目前，国内供应链服务公司已发展得相对成熟，它们虽然模式不一、资源不同，但基本上都能为商家一条龙式解决国外的采购、仓储和物流等问题。

（三）采购模式特征

分散采购模式的特征是灵活性较强，各个部门可以根据临时情况或紧急需要来自行购买材料，可以节约成本，管理相对方便。对于较大的店铺而言，各采购部门能够及时和供应商进行交流，提高交易效率。

集中采购的优势在于降低价格，减少采购成本，并且与供应商进行对称的信息交流。这样商家能够进一步了解供应商，获得相对准确的产品信息。有利于选择合适的供应商，并建立长期合作关系。这样既可以提高对方企业效益，也能够降低自身的采购风险。

从目前情况来看，许多跨境电子商务公司还不太会选择合适的采购模式，而这通常取决于公司的运营、需求和规模。当前影响跨境电商采购模式的因素主要是客户需求和通用程度。客户需求的多样化不利于集中采购，有时还会要求某个指定供应商的货物。根据需求通用性的高低，总部会按各部门的需求进行采购。通用性越高时，集中采购的优势越明显。跨境采购过程中，当大批量物资或价格变化幅度较大时，集中采购可以降低成本。一些产品容易受到政治或经济因素的影响，这时集中采购对跨境电商来说收益更大。

（四）Shopee 平台货运模式

Shopee 的货品运送模式是国内仓库＋海外派送。客户在平台下单后，商家需要把产品发到距离最近的任一个仓库，后面的跨境派送就由 Shopee 来完成。目前，Shopee 的仓库在上海、深圳、福建、杭州等多个地区都有分布，卖家只需打印并贴好产品的面单，通过国内快递发到最近的分拣中心即可。

Shopee 的海外店铺目前主要有三种运营模式：无货源模式、有货源模式、无货源结合有货源模式。这三种模式各有利弊，通常做跨境电商多从一件代发的无货源模式开始。当积累了一定经验和实力后，可以尝试开发垂直细分类目的产品，这时可采用无货源结合有货源的模式。

无货源的模式是商家没有备货，从淘宝、阿里巴巴或者拼多多等能够进到货源的网站，直接买入买家需要的商品，然后再由自己或者代理发到 Shopee 的仓库。如果采用产品代理这种模式，操作就相对简单，不需要面对复杂的打包和快递问题。如果是自己操作，在打包时会辛苦一些。这些操作和国内电商平台的无货源项目类似，无货源其实不是大问题，重要的是店铺选品和运营。

无货源结合有货源的模式是电商做到后期比较常用的模式。经过一段时间的积累后,商家通常会有一些优质的供应商资源或有价格优势的产品积累,这时可以根据自己的优势产品和其他无货源的同类产品进行组合售卖。其中,有价格优势的产品可以设置比较低的售价,靠它来吸引比较大的流量,进而转化到其他无货源产品上。这样店铺的订单数也会比较多,尤其在活动或者节假日会更多。

Shopee 为卖家提供了物流的解决方案,如自建物流 SLS、小语种客户服务和支付保证等。卖家可以通过该平台到达东南亚和中国台湾地区的 7 个站点。Shopee 也为买家打造了一站式的社交购物平台,并营造出轻松愉快、高效便捷的购物环境,提供了性价比较高的大量商品,方便随时随地浏览、购买并进行即时分享。

二、网络采购的流程

(一)网络采购的具体流程

下面是跨境电商卖家店铺基本的采购流程。其中单店不太容易完成的部分,可以考虑与其他卖家进行合作。

1. 分析未来热销商品

在产品采购中,最重要的是与供应商沟通,以获得尽量低的采购价格,这样可以获得最大利润。但事实上,虽然很多卖家可以和供应商谈到很低的价格,利润却还是不多。其实,与供应商洽谈只是采购的环节之一,更重要的是了解哪些产品是目标客户的喜好。可以参考以下几个原则。

(1)同理心原则。站在目标客户的角度设想他们的生活:会去哪里?做些什么?会遇到什么问题等。这样卖家就能了解到什么类型的产品会受到青睐。

(2)研究目标客户的社交媒体。可以通过 Facebook、Pinterest 等社交媒体软件,来研究目标客户群体日常发布的内容,了解他们在真实生活中的反应,以深入发掘客户需求。

(3)研究关键字。有的客户群体比较难把握,这时卖家也可以通过谷歌关键字等工具,对产品的创意点进行挖掘。使用行业热词进行长尾关键字的搜索,以了解该产品在搜索引擎上的具体需求。

(4)电商平台。最常见的方法就是研究竞争对手的店铺,也可以研究平台的热搜词、首页推荐产品等,电商平台通常会根据平台活跃用户的行为数据推荐产品,这些品类基本上都是热销品。

2. 分析所选商品的生命周期

每个商品在营销过程中都有自己的生命周期,卖家要根据各自不同的周期合理投入推广成本。在筛选好目标商品后要进行生命周期分析,主要有两个原因。

(1)给目标销售商品分类。一个店铺内的商品通常会包括热销、主打、引流款等的分类,而商品的生命周期可以作为分类的评判标准之一。

(2)运营规划。不同生命周期的商品需要的推广力度也不相同。例如,流行热销品的生命周期通常较短,因此可以进行短时间的促销。

3. 确定最终库存

商品经过前两个步骤的分析后,基本上可以确定出一份待采购的产品列表。而且区分了产品生命周期和分类,这样可以同步确定库存。

4. 确定供应商

在确定了店铺要销售的产品后,接下来需要寻找供应商进行采购。供应商可以分为制造商、批发商和分销商三类。能够直接找到制造商最好,因为他们可以根据卖家的需求来定制产品。而批发商或分销商只能帮助卖家联系生产商进行采购,中间增加了一个环节,而且成本更高。

5. 一件代发业务

一件代发业务也是一种销售模式。如果卖家所选的产品是已有现货或是定制产品,这种情况下就可以考虑通过一件代发业务来进行销售。这样在整个销售过程中,卖家都不会接触到产品,也不需要库存,直接将客户已产生的订单转给制造商或一件代发分销平台,后者会直接将产品快递给客户。

6. 注意事项

跨境电商卖家在寻找供应商时,通常可以找到很多厂家。通过与供应商进行详细的洽谈,可以从中选出最优。在确定供应商的过程中,还需要注意以下几点:厂商是否有采购订单数量的最低要求,工厂有无仓库,物流方式和费用,下单后多久可以发货,售后服务和联系问题等。

(二)网络采购技巧

跨境电商卖家需要保持稳定的产品供应。一方面,可以及时满足顾客的需求,让客户感到满意,另一方面,如果采购的量不足容易导致顾客订单流失,如果量大了又会导致货物的囤积。这就需要卖家有很好的采购技巧,在采购过程中做好各项工作,并且逐渐深入和优化。

1) 铺货

Shopee 作为新兴平台,铺货是比较受欢迎的模式,很多卖家也都是从铺货开始做起。因为平台需要更多的 SKU 来吸引买家,铺货在这个时候是比较容易发展起来的。作为一种经营模式,也有优点和劣势。成为精耕细作的精品店,还是大量增加产品种类,这两种模式的选择取决于店铺的资源和启动资金,建议新开店的卖家可以优先做铺货模式。可以参考以下四点作为判断货源优势的指标。

(1)一手的厂家货源。所有的卖家都希望找到一手货源,即厂家生产后直接发到店铺处,卖家可以联系厂家拿货。但是绝大部分的货源都是代理转卖供应的,找到真正的一手货源相对困难。

好的一手货源能给卖家节省很多成本,能够掌握底价优势,后期可以向批发、零售、研发等多方向发展,还可以达到更高效率、提高成交量等效果,同时能够保证发货速度。

(2)提供产品拍摄图。如果供应商为卖家提供了产品的实际拍摄图片,商家就不需要自己再花钱或精力去拍照,只需要重新处理照片即可,也能够节省一些时间和成本。同时,如果遇到了关于图片侵权的投诉,也可以通过供应商给出合理证明。

(3)发货速度足够快。Shopee 的出货时间有时限规定,通常是在 3 天以内。所以选定的供应商必须快速出货,以保证时效性。Shopee 的送货速度也很重要,一定要注意保证送货时间。

如果厂家可以代贴面单更好,又能够节省一部分时间。

在选择商品时,尽量收集靠近 Shopee 仓库的供应商,因为发货会更及时。

(4)支持一件代发。对于资金不多的卖家,以及对 Shopee 平台了解不深的新手来说,一件代发货是不错的选择。这样可以避免库存,而且投入相对少。如果品类选择不合适,也可以及时调整修正,但是卖家控制产品的能力相对来说会比较弱。所以在店铺发展初期,大规模铺货是必要的。这个时候可采用一件代发,或者使用先出单后进货的模式。在后期有一定的爆款产品出现时,则主要保持一部分的爆款库存。

2)采购数量

随着经验的增加,大多数卖家都会积累自己的一套采购方法,来确定每种产品需要买入的数量。在不考虑采购周期的前提下,最常用的公式是:采购量=现有订单量+安全库存-现有库存量-在途数量。以下简要介绍这几点因素对采购的影响。

(1)现有订单量。不同的商品销量不一样,卖家可以通过整理销量报表,计算出近段时间内单个SKU总销量的平均值,以此为参考给店铺定下初步的采购建议。比如,商品A在过去半个月日均销量是20个,那么A商品的建议采购数就是一天20个。

(2)安全库存。安全库存也称备货量,顾名思义就是多备些货品,以保证一些销量有上涨趋势的产品或店铺热销商品的供应,以避免后续订单太多时,发生产品不够卖的情况。卖家可以根据自身情况,将采购建议从原本的日均销量增加一个安全库存值,这样能够获得更加科学的采购建议。

(3)现有库存量。商家需要对仓库中的每件商品进行盘点,统计现有库存数量,然后进一步调整采购建议,数量应减去相应商品SKU的现有库存。这样可以避免库存较多的商品又采购多了,进而造成货物积压的问题。

(4)在途数量。在途数量是指已经采购但还未到货的商品数,或是多个仓库在调拨途中的商品数。这种情况下,即使商家还没有收到货,但也应算入已有库存。

获得每个指标的数量,再按照公式计算出每个商品的采购数量后,即可进行采购下单。

【课外拓展3-1】

平台卖家盈利模式

根据选品方式,在Shopee平台上适合中小卖家和新卖家的盈利模式主要有以下两种。

(1)由于与Wish和亚马逊相比,Shopee的广告成本很低,如果店家能够找到进价较低、利润率高的产品,或者广告投资和利润的比例能够达到较低,则这种产品是非常适合店铺销售的。

(2)Shopee的专业店铺赚钱较多、盈利状况相对好一些,可以考虑向这类网店发展。"专业店铺"是面向一类客户群的商店,有自己的用户肖像。

例如,店铺面向的是Fortnite"堡垒之夜"玩家,那么搜索"Fortnite Backpack"背包的关键字,进店的顾客就都是Fortnite的精准玩家。如果整个店铺都是Fortnite的产品线,包括道具、文具、手机壳等,这样的流量形成的购买率就比较高,而且进一步摊能够降低了广告成本,网店的综合利润率会更高。

第三节 实 训

综合前两节学到的内容,进行一次Shopee平台美妆店铺选品的操作,模拟完成资料调研和产品选择。

本节目标为掌握 Shopee 选品的全部流程操作,操作方法为根据资料搜索和分析结果决策和上架产品,具体步骤如下。

一、Shopee 选品流程

第一步:要确定店铺卖什么样的产品更好。需要根据站点当地的习惯和特点来选择产品,这些市场资料需要进行线上等细致调研,获得自己的分析结论。例如通过 Shopee 官方公众号等,了解各个站点的热卖产品数据。

第二步:熟悉每个网站的周报。当商家开始做 Shopee 时,都会有一名指定的投资经理指导和发送资料。每周都可以根据经理提供的报告,对每个网站的市场情况进行查看,并根据不同网站的热门类别来选择上架产品。

第三步:了解 Shopee 主要网站的首页。商家可以从周报中了解到哪一类产品更适合销售,之后可到每个网站主页寻找相同类别的产品。在查询过程中,要把属于销售广告的商品剔除。

第四步:如果店铺已经选定了某一个产品,在上架前还必须注意该产品是否符合当地需求。比如,东南亚的温度通常是夏天,基本没有冬天,所以一部分冬天的产品不宜采用。

掌握了这些挑选的技巧后,经过精选的产品就可以直接在店铺后台上传了。

二、各站点美妆选品指南

以下是根据近年来的数据和产品的分析,给出的 Shopee 七大站点美妆爆款指南,卖家选品时可以作为参考。

1. 印度尼西亚

印度尼西亚是东南亚互联网发展的领导者,电商的交易额年增长率超过 40%。数据公司 GlobalData 预估,到 2023 年印度尼西亚美妆个护市场的规模将达 105.1 万亿印尼盾。热门品类包括唇部美妆、面部护肤、美妆工具等。

2. 马来西亚

马来西亚经济活力充沛,数字技术基础设施完善,电商市场发展空间很大。马来西亚市场上还有很多美容和护肤品买家,美妆市场发展潜力充足。较受欢迎的类别包括美容工具、眼部美容和护肤品等。

3. 中国台湾地区

在美容护理类别中,较为热门的子类有美容工具、手足护理、面部护肤等如图 3-3 所示。

4. 越南

越南的电商发展良好,根据德国在线统计数据网站 Statista 的数据,2018 年越南电商收入达到 22.7 亿美元,是世界上六大电商发达国家之一。85% 的越南人会使用互联网,海外品牌的市场份额为 90%。44% 的越南女性经常化妆,其中 24% 会每天化妆。美妆的热门子类包括唇妆、眼妆、护肤品等。

5. 泰国

泰国买家习惯在下午和晚上进行购物,集中在 12 点至 14 点,21 点至 23 点,卖家可以参考这个规律,在每天上午完成上新。性价比较高的跨境美妆护肤商品在泰国非常受欢迎。护肤美

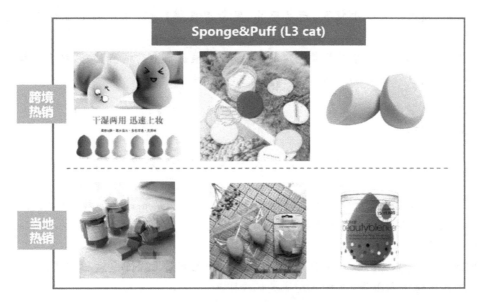

图 3-3　Shopee 中国台湾站点美妆热卖品

妆类的热门子类别是眼部美容、美容工具、手部和足部护理等。

6. 菲律宾

菲律宾这个市场第四季度的重点类别是美妆和护肤、手机和配件、时尚、家居用品、婴儿用品等。其中，护肤美容重点为万圣节彩妆、圣诞彩妆主题产品，卖家可以利用新款快速进行销售。这个类别的热门产品是唇部美容、面部美容和美容工具等。

7. 新加坡

新加坡的网购用户，2019 年平均花费 1390 美元在线上消费，这在东南亚属最高消费水平，这群人的消费年龄主要集中在 25~45 岁。其中，女性网购用户比男性多，而且，女性用户购买较多的产品是美妆类产品，热门品类包括护肤品、化妆品等。

本节实践原理主要是店铺实际操作和相关市场资料调研，参考标准主要是 Shopee 的相关要求与消费数据分析。

本章小结

店铺产品选择对于电商来说非常重要。在 Shopee 跨境电商的选品中，东南亚的市场需求增长较快，也有当地的特色和注意事项，要结合平台提供的信息与服务进行优化。在选品工具的应用中，内部工具包括搜索框、产品标签等，外部工具主要是关键字、数据等网站。在选品来源方面，平台内部主要有官方周报、公众号、主页类目等，平台外部则包括淘宝、抖音、Lazada 等相关平台。

在跨境商品的网络采购中，网上采购作为新兴的形式，比传统模式更加适合现在的市场发展。采购模式可以分为集中采购和分散采购，也可以按照来源分为供货商、货源网站、海外采购等。Shopee 平台的货品运送模式是国内仓库＋海外派送，店铺的运营模式有无货源模式、有货源模式、无货源结合有货源模式。商家在判断货源的优势时，首先要通过网络、线下等渠道寻找货源。然后,可通过是否一手货源、产品照片、发货速度等,判断该产品是否适合在店铺进行销售。

在具体的选品操作中,可以参考一定的选品流程,根据前期的调研信息,结合店铺的实际情况,并参考各站点热门品类,决定是否需要上架此类产品。

复习思考

1. 在Shopee的选品工具中,你觉得比较好用的有哪些?列出具体三个工具的使用流程和心得体会。
2. 网络采购通常有哪几个来源?适合Shopee新开小型店铺的是哪种,为什么?
3. 判断货源优势有哪几点重要指标?

答案与提示:

1. Shopee的选品工具包括平台内部的搜索框、产品标签和外部的关键字工具网站、热门数据网站等。具体使用和心得,根据个人情况记录即可。

2. 网络采购的来源包括供货商、货源网站、海外采购等。货源网站比较适合Shopee新开的小型店铺。

3. 货源优势包括一手的厂家货源、提供产品拍摄图、发货速度足够快、支持一件代发等。

第四章
跨境电商店铺装修

KUAJINGDIANSHANG YUNYINGSHIWU

更多学习资料请扫二维码

> **本章概要**
>
> 了解跨境电商的经营背景和店铺要求,为成功地开展 Shopee 店铺装修做好相关准备。在第一部分跨境商品页面设计基础中,主要通过对东南亚地区概况的初步了解,明确当地和中国的审美差异,为做好面向当地的店铺本土化设计打下基础。第二部分跨境商品页面中,分别对跨境电商的主图、详情页、店铺风格等进行了要求和特点的说明。在第三部分实训中,分别为模拟 Shopee 店铺设计主图和详情页,进行实践演练。
>
> **学习目标**
>
> 1. 了解东南亚地区消费特点;
> 2. 掌握跨境店铺的主图、详情页设计要求;
> 3. 能设计 Shopee 店铺的主图、详情页;
> 4. 会挑选合适的跨境店铺风格;
> 5. 熟练操作 Shopee 的主要店铺装修功能。

第一节　跨境商品页面设计基础

当前,全球经济增长逐步放缓,但东南亚国家由于其独特的地理条件、开放的政策和持续的经济增长,逐渐成为新兴市场,出现了巨大的投资机会。

一、东南亚地区消费者审美差异

了解东南亚消费者,使产品尽量接近他们的购物习惯,这是跨境电商本地化的重要任务。东南亚国家有各自的政策,格局相对分散,不同国家的消费者特征也不同。

1. 价格敏感,缺乏信任

除了新加坡和马来西亚的消费者外,其他国家的消费者普遍对价格高度敏感。因国家经济增长和消费者行为变化较大,国民平均收入仍然较低,东南亚消费者对促销折扣更狂热。

在线购物的便宜和简单是他们选择这种方式的主要原因。同时,东南亚消费者对仍处于发展中、尚不成熟的电商表示担忧。例如,会担心假货、零件丢失和服务质量差等问题。

2. 以移动端消费为主

东南亚国家正在着力投资网络基础设施建设,互联网的普及率不断提高。电子商务流量的 70% 来自移动端。消费者"以移动为中心",通过移动端的运营设计来吸引消费者是目前的关键,但消费者对移动支付的接受度仍需提高。

3. 从多渠道购买

在东南亚,在线和离线的多渠道购物正在逐渐深入当地生活。例如,对高价值的产品,消费者通常会进行在线搜索,进行比对后选择价格最低的渠道。当在网上找到喜欢的产品时,在线进行"优惠购买"的行为变得越来越普遍。在新加坡这些"热爱购物"的国家,线下购物中心等渠道对品牌曝光度非常重要。

4. 中产阶级增长

东南亚经济的迅速发展导致了新中产阶级的崛起。未来几年中,印尼、越南、泰国等中产阶级人数预计将超过总人口的一半。经济实力逐渐增强,基本需求得到满足,消费逐步升级,他们将成为电商和整体零售的主要力量。

5. 东南亚的人口结构更为年轻

40岁以下的人口占70%。同时,中产阶级的数量在迅速增长。

6. 东南亚的民族文化丰富多样,部分地区宗教色彩浓厚

在东南亚,不同国家、不同国籍、消费者的信仰、文化甚至消费习惯都有明显差异,如图4-1所示。

图4-1 东南亚穆斯林长袍

二、跨境产品页面本土化原则

(一) 跨境电商本地化

进入海外市场时,各个平台的卖家需要迎合不同国家消费者的购买需求和消费习惯,以达到店铺的海外本地化同时进行优化。所谓本土化策略,是以当地人习惯的方式来解决跨境电商平台运营中的服务、资金和物流等问题。每个国家的消费者都有自己的服务习惯,作为卖方需要对不同海外市场的消费群体进行分析和行业研究,以争取新的利润增长点。

对于当前的跨境出口电商平台来说,"本地化"不足导致买方不信任卖方,是发展的主要限制因素。此外,跨境电商的交易流程问题也与此有关,如反复投诉、不良的售后服务、安装后的维权、假冒缺陷产品、包装和交货及时性等。Shopee网站英文首页如图4-2所示。

(二) 本土化要点

影响跨境电商营销和服务本地化的主要因素包括语言、消费习惯、客户服务和法律条款等。

图 4-2 Shopee 网站英文首页

1. 解决语言问题

在语言方面，一些卖家对产品的英语描述不太准确。例如使用 Google 翻译以节省费用，而这类文本的可读性通常较差。建议聘请熟悉本地翻译的外国人，而且在不同的市场可以用不同的国外翻译。

当地人可以更好地掌握当地语言，也可以了解一些当地市场的信息和消费习惯。此外，卖方还应注重各国的政策、法律、语言、文化和消费习惯等。

2. 了解当地消费习惯

作为跨境电商卖家，应根据不同的国家、节日等设置不同的营销重点，并且要遵守相关的宗教信仰和文化禁忌，迎合买家的消费习惯和习俗等。如了解东南亚各国的宗教、天气等都是影响因素。

3. 解决支付、物流等问题

在消费过程中涉及的支付、物流等问题，可以在详情页进行说明，解决消费者的后顾之忧。

为了实现资金本地化，需要使用当地的常用货币进行收款和支付。同时，要使用本地电子商务平台常用的支付工具（最多的是本地银行账户）。

跨境电商通过模式创新，充分利用出口国的著名电商平台。海外仓是跨境电商的首选，既可以解决商品过多和跨境交易脆弱性等问题，也离消费者比较近，退货和换货更加方便，会大大提高客户的使用体验。

（三）东南亚国家与消费者特征

1. 消费习惯

不同国家的消费者具有不同的特征，了解每个国家的消费者个性很重要。例如，马来西亚消费者希望合理消费、不用花很多钱，新加坡消费者注重产品和体验满意度以及更多的服务，泰国消费者拥有很高的品牌忠诚度，越南消费者更喜爱西方品牌等。

2. 各国行业

东南亚不同国家有着不同的行业发展重点。例如,印度尼西亚是重要的石油出口国,马来西亚和文莱也生产石油。印度尼西亚、泰国和马来西亚都是橡胶大国。越南、菲律宾和印度尼西亚的经济相对落后,偏向旅游业、基础制造业、农业和渔业。泰国、越南和缅甸是世界上重要的大米出口国。泰国、马来西亚的锡产量世界最高。新加坡的生活水平已达到发达国家的生活水平,经济以服务、金融、技术、交通、物流和旅游业为主,同时积极发展高科技和教育等。

在网络搜索中,时装和电子设备是消费者最感兴趣的商品类别。近年来,印度尼西亚和马来西亚的汽车产品搜索量逐渐增加。摩托车是东南亚地区比较重要的交通工具。大多数东南亚国家位于热带地区,但由于降水相对较多,气温不会太高而致炎热。东南亚的人口结构比其他地区年轻,可以增加一些适合青少年的产品。

3. 宗教习俗

东南亚的宗教文化浓厚,许多宗教交织在一起。当地有很多佛教徒、基督教徒,相应地有许多宗教节日,佛教产品等很受欢迎。泰国大部分地区都有佛教徒,泰国南部有较多穆斯林,马来西亚人口中穆斯林占85%以上。印度尼西亚、马来西亚、新加坡拥有庞大的伊斯兰社区。

穆斯林的时尚概念是"中型时尚",但印度尼西亚的穆斯林消费者倾向于开放和多样化的着装。他们的身形较小,中小型衣服比较受欢迎。为了避免单调的衬衫,穆斯林妇女经常使用配饰来搭配。东南亚特色头巾如图4-3所示。

图4-3 东南亚特色头巾

4. 女性消费者

在东南亚,拥有知识、经济自由和技能的妇女已成为不可忽视的重要购物力量,80%会负责采购日用品。她们喜欢大型促销活动,也有不错的审美,购置的商品类型多样化。新时代女性不仅购买家庭用品,而且在金融产品、时尚消费和电子产品方面也有一定的追求。

以新加坡的职业女性为例,时尚是在工作中表现出专业素养,下班后去参加聚会,黑色礼服、黑色裤子、紧身衬衫、女式西装外套等都是比较典型的服装。在当地的热带气候下,最流行的是太阳镜、珠宝和帽子等轻便醒目的配件。在圣诞节、斋月和其他节日,拜访亲戚和朋友的装饰品都很漂亮,珠宝和手袋是必备的,如图4-4和图4-5所示。

5. 存在的问题

但是,东南亚的新兴国家面临着基本设施问题。网络速度并不理想,与人均收入低相比,宽

图 4-4 别针饰品

图 4-5 女士手提包

带价格显得比较昂贵,但发展中国家的移动数据非常便宜。政策问题下,印度尼西亚的海关清关将近 4 天,如果货物重要建议去海关城市自己携带。此外,基本物流设施薄弱,印度尼西亚缺乏零售,分销和交通网络的发展处于风险状态。即使越南在东南亚的电子商务渗透率最高,也同样存在此类问题。这就意味着国内商品运输和跨境商品进出口存在许多问题,如效率低和运输慢等。

【课外拓展 4-1】

跨境电商店铺的产品信息种类

产品的发布和管理以及订单的流程和管理,无论是国内电商还是跨境电商,在实际操作中,这两点都是卖方要解决的核心问题。建立卖方后台数据和前台装修的重点,是产品库、订购系统和其他扩展的综合,比如店铺装修、购买流程、数据分析等。

产品上传的关键信息是产品价格和产品库存,其中产品价格包括成本和销售价格。国外电子商务还增加了重量或批量。产品信息上传页面应充分考虑产品信息的本地化,并且根据产品销售国别的语言和审美习惯来设置各种产品的显示语言和方式。

以上都是在上传产品时应该考虑的问题。商家发布的产品页面逻辑和交互都相对复杂,主要内容是基于平台产品信息页面上显示的详细信息。下面给出了商品信息的常用条目。

产品类别:必须将发布的每个产品分别链接到一个子类别。

产品标题(SPU级别):需要做好本土化,卖方更喜欢用其销售国家/地区的语言进行产品上传。

商品图片:根据产品基本图像的网站要求,调整上载图像的大小、比例和格式等参数。

产品属性和产品 SKU:这两个销售属性组合是唯一的,通过它可以确定要出售的产品。例如,颜色(红色)和尺寸(39),这是确定在此 SPU 上出售哪些 SKU 的唯一方法。

商品 SPU 属性:这个描述属性主要是当前产品的补充描述,级别为 SPU。例如,面料、版本等元素,这些可能会更好地描述产品,但不能唯一确定该产品的种类。

第二节 跨境商品页面

企业需要了解自己的产品与国际市场规则,以确保店铺展示的商品满足东南亚客户需求。此外,需要创新思维,使产品设计概念和功能定位等尽量独特,以带来更多的增值体验。

一、跨境商品主图要求和特点

(一) 主图的特点

要获得效果良好的产品主图,需要在精心拍照的基础上,创建优化过的新主图。一个设计优秀的主图应具有以下三点特性。

1. 整洁有序

好的主图需要整齐有序,并且可以快速区分主从信息,如图 4-6 所示。图片和文本都有自己的特定位置,并且按顺序显示在缩略图中。不只是简单的产品照片,也不是凌乱的文字等素材填充。图片原型需要较好的拍摄效果,因此以提高照片的吸引力。在文本内容足够吸引人时,可以促进人们的点击和购买。点击会带来流量,进而增加商店的转化率、促进销售,如图 4-7 所示。

图 4-6　Shopee 活动页面的简洁主图

图 4-7　整洁有序的口罩主图

2．有代入感

好的主图应该有代入感,尽量多使用图片素材进行传达,而不是多用文字描述,如图 4-8 所示。照片可使顾客自然想使用的场景和相应的感觉,进而了解产品的用途。简洁的文字,可以体验到产品为客户提供的舒适感。文字和图片很好地结合在一起,使产品和人之间有更直观的关系,对客户更具吸引力。

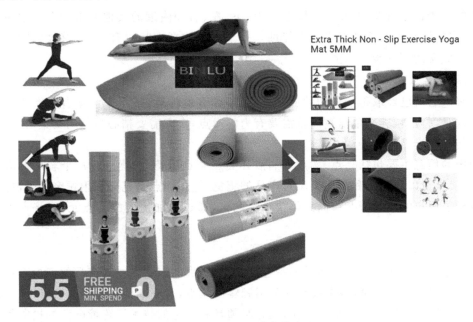

图 4-8 特厚防滑瑜伽垫主图

3. 卖点和痛点

在编写详细页面时,需要深入挖掘客户的痛点和产品的销售点。如果主图可以通过图像显示销售点和产品能解决的问题,它将更快引起客户的注意。在瞬息万变的时代,在线购物的客户非常敏感,他们会在最短的时间内筛查出想要的信息。

产品的卖点是强大的吸引力,当许多客户看到这些照片时,他们会对使用这种产品感兴趣,这是因为表达方式会直接影响客户对痛点的感受,如图 4-9 所示。

图 4-9 Shopee 主图体现的众多卖点

(二)主图的要求

良好的主图决定了产品超过 80% 的点击率,设计出高点击的主图,对于卖家来说是很重要的事。首先要考虑为主页选择哪些产品和照片,越来越多的卖家开始重视照片的处理,希望获得能够引人注目的图片。优化首页的列表是引入流量的第一步,主图的质量会对流量产生很大的影响。增加单个产品点击的关键,就在于主图是否足够吸引人。

1. 主图的背景

主图的背景也很重要，产品的主图会与上、下、左、右和附近的其他元素配合。通过视觉营销，吸引更多的注意力会增加点击的可能性。每个人的注意力相对有限，能够吸引顾客的产品已经取得了成功的第一步。

2. 主图的卖点

当顾客进店就已经取得了最初的成功，吸引了顾客的注意，接下来浏览者会阅读产品相关的信息。这时，打动顾客来单击页面就需要有力的卖点，卖方需要精心写作的文案与设计，才能将该产品与其他产品区分开。

主图中的信息主要包括亮点、卖点和痛点几类。亮点将特征、优势和每个客户形成的价值联系起来，卖点可以形象化和量化买家对产品的感觉，挖掘痛点是充分利用顾客的恐惧感，使用情况中分析了用户的相关情况。商家需要不断测试，通过添加优质的卖点元素，将点击率逐步提高。

3. 主图的信息

主图传达的信息非常重要。如果其中包括了卖点，那么表达方式对产品的点击率将会有很大影响。店家通过不断测试，逐渐找到最吸引顾客的卖点，并不断优化产品的卖点设计，以提高点击率。需要用到页面设计的整体优化，卖方必须具有一定的技术。跨境电商的投资优化和学习改善，都将使店铺处于更具竞争力的地位，如图4-10、图4-11、图4-12所示。

图 4-10　Shopee 主图的丰富信息

4. 注意事项

国外电子商务是外贸与电商的结合，既有外贸重视产品的属性，也有电商的运营技巧补充，一些工厂销售商的产品会比较受欢迎。

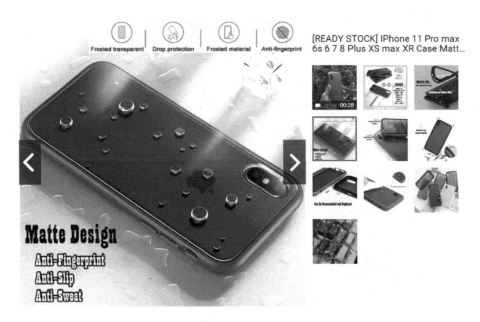

图 4-11　手机壳主图

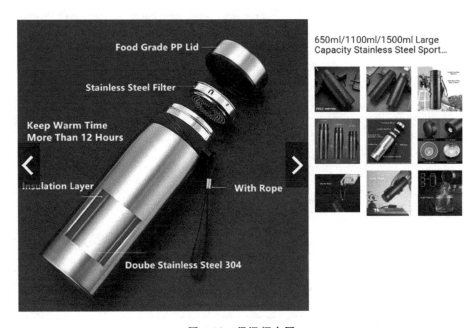

图 4-12　保温杯主图

在线购物中,卖方在销售产品之前的展示图片,应该是立体图而不是平面图。摄影师直接提供的照片更接近平面图,通常表达不够明确,需要进一步精修设计。主图放大后仍然应该清晰,产品的所有特征均应在拍摄照片中得到体现,展示尽量简单直接。产品图片应生动形象,最好有一种让人想用手去抓的冲动。这样可以带动顾客的情绪,也表明产品设计的成熟。

提高主图点击率可以通过合理布局、内容差异化、准确提炼产品卖点、精确的关键字、直击顾客痛点等方式。当它反映了顾客真正关心的问题,点击率就会快速增长。经常保持图片的更新状态,可以更好地优化点击率。

二、跨境商品详情页要求和特点

(一) 商品详情页功能

产品详情页是电子商务产品订单转化的主要环节,也是提供整个产品信息的主要区域,如图 4-13 所示。优质的页面不仅有助于提高您的产品搜索的排名,还可以提高潜在顾客的转化率。商品详情页对整个网店的运营流程和订单转换都具有重要意义。

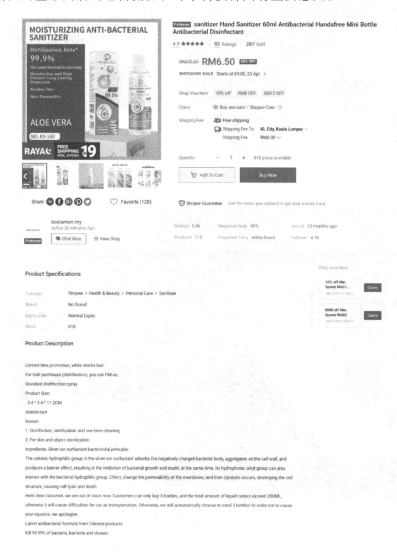

图 4-13 Shopee 商品详情页

1. 信息展示

商品详情页的页面设计应保证层级清晰、可读性高、扁平化等。让顾客进入页面后,直接就能知道当前商品的基本信息和促销活动等,刺激顾客的购买冲动。根据统计,60%的文字信息顾客不会阅读,而商品详情页就是要介绍商品是什么、为什么需要买等信息,其中文字信息占了一半,具体内容需要仔细思考。

在顾客了解到基础信息后,下单购买还需要知道更多的参数,比如商品的规格尺寸、颜色、退换货规则、其他买家对商品的评价等,如图4-14、图4-15、图4-16、图4-17所示。这些信息在顾客继续浏览时呈现,也就是在第一屏之后进行详细介绍。

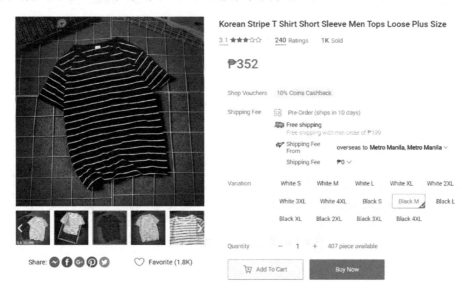

图4-14　男士条纹T恤产品信息页面

图4-15　男士条纹T恤产品规格

2. 流量转化

商品详情页的主要信息内容包括商品、评价、详情、推荐等。如果顾客在了解商品详情后,认为不符合自己的需求,会很容易离开该页面。所以,商品详情页最好能根据顾客的购买习惯、喜好、浏览历史等综合分析,提供符合大部分顾客需求的信息。

同时也应尽量留住顾客,比如根据可能的需求,为顾客推荐同类商品。这样可以将顾客引入店铺的其他商品页面,提升订购转化。交互上的设计要让顾客快速查看想了解的内容。

3. 订购转化

商品详情页上的应用场景,是为顾客提供特定产品的信息,以帮助他们快速了解商品。通过刺激顾客购买欲望的促销方式,从产品知识到理解并接受功能,逐步地引导顾客信任产品,最终添加到购物车或直接下单购买。

Product Description

100% Brand New and High Quality!
Size chart is attached to the Last Photo,please compare with your size and check the color carefully before you buying ♥

-Size:S/M/L/XL/2XL/3XL/4XL
-Color:White/Black
-Length:Short sleeve
-Package:1x T Shirt
-Item number:X1904A-T117[A0]

♥ Any questions,welcome to use"Chat"to contact us,we will reply asap.
♥ Hope you have a happy shopping in my store (^_^)

#shirts #T-shirts #shortsleeve #koreanstyle #koreanfashion #menfashion #menshirt #o-neck #tops #shortsleeveshirt #fashion #casual #cotton #readystock #plussize #menclothing #mentops

图 4-16　男士条纹 T 恤产品描述

图 4-17　男士条纹 T 恤买家评价

根据产品的定位,商品详情页呈现的信息也有一定的差别。向用户提供更多的产品信息,包括相关的电子商务和市场营销活动、促销等,以及产品质量信任等问题,将流量引导到有助于订单增长的地方,可以有效地促进订单量和增加转化率。

（二）商品详情页要求

商品详情页具有相同的信息级别,但是您可以搜索页面,例如当前产品是否具有特殊标签,比如团购、秒杀等,可以参与该产品的促销、优惠和售后等。还包括订单的其他情况,例如是否可以退换货,产品的交付时间,地区是否受限等。

下面介绍一般商品的详情页规则,具体可根据产品特性进行调整。

1. 商品主图信息

产品的主要照片信息包括短视频、照片、全景图片等。如果产品具有不同类型的照片,则需要确定展示的优先级。主页信息页面包括调整按钮,可滑动页面进行浏览。当用户了解产品的基本信息时,促销活动的标记会引起注意。例如时间限制、团购、折扣等,如图4-18所示。

图 4-18　耳机限时抢购

2. 商品价格

价格类型是更重要的信息,如交叉销售价格和其他补充价格信息,包括当前销售价格、对比价格、商品跨境综合税等,文本可突出显示。根据产品及其特性,例如会员专有价格、产品比较价格等,如图4-19所示,可以显示正确的价目表。

3. 文本信息

产品评估信息包括总评估、评估类别和各类评估,评分信息的数量会逐渐增加。带图片的分级信息中,文本信息最多的行数为2~3行,默认照片的数量会显示所有分级信息,包括图片、页面性能和详细信息,如图4-20所示。根据对当前产品类别、品牌、用户偏好等数据的分析,可以为顾客推荐同一类别的产品,相似和受欢迎的产品。

4. 促销活动、优惠券

与当下的促销活动和优惠券相匹配的产品,会显示在系统中的该区域,其他商品的相应区域则是隐藏状态。在设置活动时,对不同促销举措进行排序,并按重要性显示它们,顾客点击促销信息时即可转到相匹配的产品集合页面。优惠券拥有显示和优先级规则,仅展示部分优惠券,全部优惠券则通过点击后弹出窗口显示,并根据折扣金额和日期有效性进行排序,如图4-21所示。

图 4-19 Shopee 商品的主图和价格

图 4-20 Shopee 商品的信息说明

图 4-21 参与促销活动最受欢迎的商品

5. 售后服务

买家发起退款退货申请后,订单会进入售后界面。平台会根据产品的属性显示认证保证、平台服务、退换货原因和其他标签等,并提供卖方的商店入口,单击可以转到商店的主页,如图4-22所示。

图 4-22　售后服务

6. 其他信息

在不同平台和不同产品上显示的信息不同,但都基于产品的相关属性。因此,产品详情页的内容,决定了顾客进入页面时显示的信息。产品信息页面是转换和分发的重要页面,不仅显示商品的基本信息,还显示包括营销策略和推荐的商品。

底部选项卡栏,包括客户服务、添加到购物车、立即购买、交货通知等,是订单各环节任务的主要入口点。在产品数量的显示中,库存范围应与实际数量和用户订购信息对应,缺货时显示为零或不可购买等。

良好的商品信息页面,可以让购买目的明确的顾客,快速决定是下订单还是直接购物,如图4-23所示。店家在设计自己的产品详情页时,需要根据产品和用户特征来规划整体结构,最大限度地进行转化。

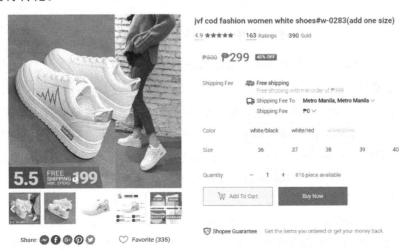

图 4-23　产品信息页面

三、跨境电商整体店铺装修风格

（一）网店风格

新开设店铺的卖方，应主要为商店设置四类模块：流量、利润、活动和形象。商店运营目标包括点击率、销量、流量和个性化等。

卖家要提高点击率，必须努力包装商品。当然，这里的包装不是商品的外包装。这里的包装是商品的基本照片，详情页和商店的主页经过全面设计和包装，是一种以照片的形式在各个方面反映商品优点的过程。商品的主要照片设计与主要商店的流量来源和流量有关。详细信息页面与商店的转换率有关。主页与商店的整体风格有关，并提供大量信息以及商店的用户体验。

许多卖家都希望商店具有自己的风格。货品相对统一，目标人群定位清晰，确定产品、价格和客户。使人进入商店时能够一眼看出风格，且视觉形象鲜明。样式通常反映在视觉效果，商店装饰和照片中，并且可以将样式准确地传达给你的受众。例如菲律宾 Shopee 的官方商店 Enfagrow，给不同年龄段的儿童奶粉设置了分区，让买家一目了然，如图 4-24 所示。

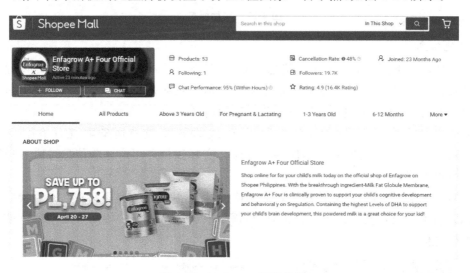

图 4-24 Enfagrow 店铺首页

Shopee 店铺模块：信息、优惠、简介、热门、全部商品如图 4-25 所示。

（二）店铺装修原则

在设计店铺页面时，应考虑快速打开的问题。在手机流量有限制，或是照片太大的情况下，会出现无法打开照片或打开照片的速度过慢的问题。为了用户可以快速阅读信息，应控制文字和图片的显示大小。设计良好的图片也非常重要，并且它体现的信息与文字不同。电脑端用户会尝试在几分钟内找到商店，并在卖方店铺中停留一段时间以浏览信息。但是在移动设备上购物时，用户会首先将重点放在查看图片上。

信息应简洁明了。过多的文字会妨碍买家阅读信息，导致用户流失。手机受到移动运营商和区域的限制，对商店显示内容的限制更大。所以分类结构、产品区域要清晰，手机模块应小巧准确。商店装饰的颜色不要太鲜艳，同时考虑手机的屏幕显示问题，配色也不要太沉闷。因为

图 4-25 Shopee 店铺模块：信息、优惠、简介、热门、全部商品

手机屏幕很小,较宽的深色区域容易带来负面效果。

设计主体与店铺风格的结合呼应了结尾。当前,许多商店主题都采用一种样式,而产品页面则采用另一种样式。大多数手机商店都是狭窄的视觉显示屏,因此,更重要的是要注意商店的所有设计,并保持所有设计的风格一致,这取决于品牌的风格。像 PC 一样更改和维护新更改为了增加买家的新鲜度,需要使用不同的样式来进行更多活动和促销,如图 4-26 所示。

图 4-26　Shopee 基本店铺设置

(三) 移动端网上商店

如今,社会通过移动终端进行交互,几乎每个人都拥有一部手机,世界各地的人们都越来越喜欢通过小屏幕进行购物。

自定义模块可以改变其设置,主要包括卖方、重点横幅、优惠券等。其他推荐方式包括商品推荐模块、新上用品等。

文本应简洁明了。在手机上,展示一或两个销售点以及促销信息即可。手机商店主要介绍新产品或流行型号。重点标语可能包括一些推荐的新产品和爆款。

发送优惠券是一个很好的方法。同时为店铺设置特殊区域,以展示尽可能多的产品,例如促销相关的产品区域,或是专用于移动用户的区域。

产品显示模块主要包括四个部分:新产品、爆款、促销和特殊产品,如图 4-27、图 4-28 所示。

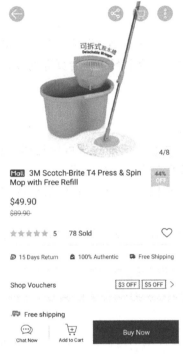

图 4-27　Shopee 移动端店铺

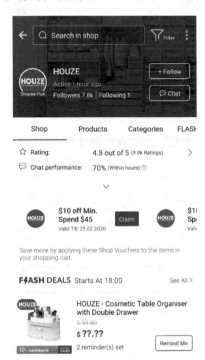

图 4-28　Shopee 移动端商品

【课外拓展 4-2】

Shopee 店铺后台装修

全面而精致的店铺装修可以给买家带来良好的第一印象,同时能够激发他们的购物欲望。后台的设置对店铺装修有重要的作用。

Shopee 的后台相对于大部分电商而言,是比较容易操作的。店铺装修的部分,点击相应功能按钮,即可进入后台界面进行操作。经过设置完成的展示图效果统一,即做好 Shoppe 对卖家的美工要求不会很高。优秀的跨境电商案例,通常的成功要素会有以下几点。

一是拍一张吸引人的照片,清楚地标记商店的主要活动并投放产品主图。其他产品图片同样需要较好的拍摄、美工等技术,以制作出较好的效果。

二是在商品和店铺说明中,会明确地规定包括折扣在内的店铺政策,并说明其他的必要约定,从而减轻了运营与售后的压力。

三是成功的卖家通常会进行分类整理,将所有产品分别按种类设置条目,最后组成一个整体的线上商场。

四是进入[主页]、[我的商店类别],可以查看、修改关于产品分类的相关设定。

完成所有设置后,可以以买家身份找到您的商店。

其他具体的细节条目,请注册Shopee账号并登录,进行店铺的实际操作与查看。

第三节 实 训

经过之前章节的学习,在实践中为自己的Shopee店铺定好销售地区,选择一个主营品类,挑选好一款主打产品。现在,为这个商品进行相关的图片制作,包括主图和详情页等的设计。

一、Shopee店铺商品主图设计

创建跨境电商产品主图的基本过程,主要可分为以下五个步骤:

(1)电商的主图可以选择使用设计软件设计或在线制作,会有相应的模板可供选择。在挑选模板时,不仅要清楚地显示产品照片,还要能够展示大家都关心的特点和功能。

(2)如果使用或参照模板,可以将自己的产品照片替换模板图片中的产品,然后保存修改,将会在新生成的图片中看到自己的产品的效果。

(3)可以替换文本并修改效果,更正产品名称,同时添加产品的优点或价格优势等内容,还可以对不满意的文本效果进行调整。

(4)可以在图形边角处添加更多引人注目的元素,例如促销的图形等。

(5)如果要添加文本或其他内容等细节,可以根据自己的需求搜索合适的素材,并进行修改和增添。

完成了电商主图的简易制作,接下来可以将其保存为合适的格式,然后上传到自己的店铺和产品图片中,如图4-29所示。

二、Shopee店铺商品详情页设计

(一)设计目标

对于在线产品的销售来说,店铺装修非常重要,对其美化就相当于真实商店的装饰。应尽量使商店的形象达到最优,以帮助消费者在视觉和心理上感受到卖家的销售意图,并帮助在线商店建立品牌和增加流量。

装饰在线商店是商家吸引客户的第一步,在消费者进入网店后,基本的设计样式将给他们带来最直观的感觉。

对于典型的跨境电商来说,商品主图会决定点击次数,商品信息页面则决定了转换次数。点击和转化有很多要素,但图片是最主观的影响因素。

增加店铺的出现和提升频率。经常更新的在线商店会拥有较多的浏览量,这可以大大增加消费者下单和购买的概率。

商店装修不仅仅是为了美观,它对促进产品销售更为重要。商店的风格取决于产品和国别,设计色彩应符合整个商店的主体特色,不要盲目搭配,以更好地体现品牌文化和商店形象,方便客户浏览和记住商品,同时能够更明显地展示说明内容,如图4-30所示。

图 4-29 Shopee 移动端主图案例

图 4-30 Shopee 移动端详情页案例

（二）参考店铺类目

1. 女装店铺

通常推荐用紫色、粉红色、红色等颜色来强调女性特征。同时,为了更好地吸引女性的注意,网上商店的页面通常装饰有时尚的女孩等漂亮的素材。

2. 生活用品店铺

Shopee 平台上关于生活用品的商店占比较大,产品种类相对丰富。对此类商店,可以根据所售产品的类型选择合适的装饰素材。例如,对日常用品,选择一张让顾客有家的感觉的图片。如果为了体现自然风格,可以选择景观类的图,例如蓝天、白云、碧水等。日常生活用品的主要色系可以是绿色、橙色、黄色等。

3. 化妆品店铺

在过去几年,Shopee 平台上的化妆品增长速度非常快,已产生了多个相对知名的商店。由于其在线购物的便利和低廉的价格,非常受到消费者的信任。在装修化妆品店铺时,可以根据需要使用粉红色、绿色和蓝色等作为底色,以突出其自然、新鲜和健康的品质。

4. 饰品店铺

在网上经营珠宝店时,商家需要根据不同的珠宝材料和类型,来确定商店的风格。在选择装饰色时,可以使用梦幻的紫色和粉红色等浪漫的色彩,来强调珠宝的美感。

5. 男装店铺

销售男装的商店主要应突出活力和健康感,装饰色最好使用绿色、蓝色、黑色等,且装饰风格应简单、直接、整洁。在制作主图时,选择时尚、正式、休闲或舒适的材料,分别对应产品进行设计,以根据店面和商品类型确定合适的样式。

本章小结

东南亚在消费经济迅速增长的同时,互联网普及率仍相对偏低,作为新兴的海外电商市场有较大的优势。与国内消费者相比,东南亚地区更偏向年轻化、碎片化、多样化等特点。要做好跨境电商网店的本土化,需要注重语言、风俗、支付等方面。

Shopee店铺中比较重要的三个部分为店铺主图、商品详情页和整体风格。其中,主图对提高店铺点击率有重要作用,需要在图片的拍摄、美化、文字等方面进行优化设计。商品详情页中会列出许多商品要素,对店铺的产品展示和成交转化非常重要,需要根据平台和案例的相关参考进行布局。店铺风格会影响顾客的整体感受,应符合定位人群和移动端等的特征,应不断进行调整和完善。

复习思考

1. 东南亚市场发展如何?主要的消费特点有哪些?
2. 设计比较好的店铺主图具有哪些重要特点?
3. 假设你是Shopee店主,寻找一个行业,并为自己的店铺选一款主推商品。尝试制作产品的主图、商品详情页,设计店铺的整体风格。

答案与提示:

1. 东南亚地区的经济和互联网发展很快,多为发展中国家,跨境电商空间较大。主要的消费特点包括价格敏感、移动端占比较大、多渠道购物、中产阶级增长迅速等。(参考第一节第一点)
2. 设计较好的店铺主图通常整洁有序、有代入感、卖点明确。(参考第二节第一点)
3. 可选取Shopee上的优秀店铺案例进行参考设计。

第五章
跨境电商营销

KUAJINGDIANSHANG
YUNYINGSHIWU

本章概要

跨境电商店铺的运营主要围绕着跨境电商营销而开展推广的,通过一系列营销环节,达到营销目标的过程。本章将带领大家初步了解跨境电商营销,分别从 Shopee 站内营销、SNS 营销、邮件营销、营销实训四个方面学习跨境电商营销的具体内容。通过本章的学习,学生能够基本了解和掌握跨境电商营销的概念、方式、分类。

学习目标

1. 掌握直通营销的定义和分类;
2. 理解竞价拍名的概念和特点;
3. 掌握 Facebook 营销的内容和特点;
4. 掌握邮件营销的操作流程;
5. 理解邮件营销的效果评估;
6. 能够熟练完成一次 Shopee 直通车营销;
7. 能够熟练完成一次邮件营销。

第一节 站内营销

跨境电商营销分为站内营销和站外营销。所谓的站内营销,即电商平台内的营销。本节以 Shopee 平台为例讲解平台内的营销手段。Shopee 平台的站内营销主要是直通车营销和竞价排名营销。

一、直通车营销

(一)直通车的定义

直通车是指定期投放的广告。卖家通过直通车在买家的搜索结果中突出商品,或者让商品出现在推荐的位置,或者搜索结果页顶部显示卖家的店铺,从而提高商品和店铺的曝光率,达到增加销量的目的。

由于直通车的付费方式是按照买家点击广告的次数来收费的,因此只有当买家点击直通车广告才会产生费用,如果买家只浏览,是不会产生费用的。

(二)直通车营销的分类

Shopee 的直通车营销有三种:关键字广告、定向广告(关联广告)、店铺广告。

(1)关键字广告是指卖家通过 Shopee 搜索结果页面中突出显示的广告,帮助购物者找到并购买卖家的产品。如图 5-1 所示,关键字"shoes"搜索的结果页面出现的广告就是关键字广告。关键字广告会显示在购物者最有可能看到的位置,例如搜索结果页面的顶部。通过关键字广告,可以使卖家的潜在客户扩大到用关键字搜索的潜在购物者,从而提高商品的销售量。

图 5-1 关键字广告

（2）定向广告（关联广告）是指将商品推荐在买家浏览的商品详情页上的"相似商品"或者买家主页上的"每日发现"。如图 5-2 所示,在浏览某球鞋的详情页下 Shopee 推荐了相似的球鞋。通过定向广告,卖家的商品可以吸引相似商品的意向购买者,从而促成更多的交易产生。

（3）店铺广告是指卖家通过在 Shopee 搜索结果页面顶部显示店铺的广告。如图 5-3 所示,搜索"shoes"后页面顶端显示的一家以售卖鞋子为主营业务的店铺。店铺广告能够提高店铺的知名度,提升品牌效应,吸引更多购物者进店购买商品。

（三）直通车营销的作用

1. 直接作用

第一,直通车营销能够帮助卖家提高产品的点击率,从而提高产品曝光量,促成更多的有效交易。

第二,直通车营销能够精准投放,根据店铺实际情况控制支出,从而在保证效果的前提下合理降低成本。

第三,直通车营销能够为商品带来大量精准流量,这类人群的购买意向通常比较明确,转化率自然也就会提升。

相似商品

猜您喜欢

图 5-2　定向广告(关联广告)

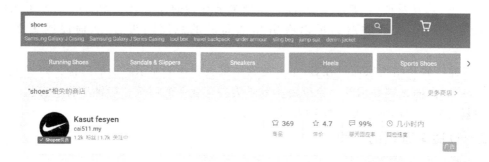

图 5-3　店铺广告

2. 间接作用

第一，直通车营销有助于让店铺获得更多的关注度，增加客户访问频次，巩固爆款产品为店铺带来的其他相关收益。

第二，直通车营销有助于卖家测试开发的新产品，为新产品的备货、库存提供相关数据支撑。

第三，直通车营销有助于提升产品在 Shopee 平台的排名，为报名参加日后的平台活动累计基础数据。

二、竞价排名营销

（一）竞价排名营销的概述

竞价排名营销是指，一种按广告实际点击数量付费的营销方式。卖家购买直通车广告时，当且仅当购物者点击广告时才需要付费。当多个卖家出价相同的关键字或推广位时，买家的购物页面会出现多个广告，根据卖家的出价高低对广告的位置进行排序，出价越高的，商品的位置越靠前，出价越低的位置越靠后，这就是竞价排名营销。

在投放关键字广告中，任意一个关键字的搜索结果页面最多会显示 60 个关键字广告。其中在 Shopee 电脑端搜索关键字结果，页面顶端的第一排 5 个产品列表是前 5 个广告位，接下来八排 40 个产品显示第 6～10 个广告，以此类推到第 60 个广告位；在 Shopee 移动端上搜索关键字页面第一排 2 个产品列表是前 2 个广告位，接下来二至四排 6 个产品显示第 3 个广告位，五至六排 6 个产品显示第 4 个广告位，以此类推到第 60 个广告位。如图 5-4 所示，搜索关键字"大衣"出现的排名前 5 个的广告位。卖家的投放关键字广告位是由卖家的出价高低和质量分决定的，也就是说卖家出价越高，产品的质量分越高，那么广告排名越靠前。其算法为广告排名分数＝单次点击价格×质量分，如图 5-5 所示。其中单次点击价格是买家点击广告商品时卖家的出价；质量分取决于关键字的相关性、产品评分、图片质量等方面。因此，在竞标同一关键字时，卖家的出价高低直接影响产品的排名。

图 5-4　关键字广告前 5 个广告位

在投放定向广告后，广告显示在产品详情页的底部。其中"相似产品"的广告位为第一排前 2 位，接下来隔 4 个产品显示第 3 个广告位，以此类推，如图 5-6 所示；"每日发现"的广告位为第一排最后 1 个，接下来隔 19 个产品显示第 2 个广告位，以此类推。卖家投放定向广告的排名与关键字广告的算法相似，也是由卖家的出价高低和质量分来决定的。在"相似产品"页面中，当不同卖家的产品的详细信息非常相似时，卖家投放广告的出价越高则广告排名越靠前；在"每日发现"中，当买家 30 日内对不同卖家的产品进行浏览、收藏、添加购物车操作时，卖家投放广告的出价越高则广告排名越靠前。

图 5-5　关键字广告位排名算法

图 5-6　"相似产品"广告位

在投放店铺广告后,店铺将显示在搜索结果页面的顶部。卖家投放店铺广告的排名与上述两类广告算法相似,得分越高的店铺排名就越靠前,如图 5-7 所示。卖家可为店铺投放多个关键字的店铺广告,以提高店铺的曝光率。

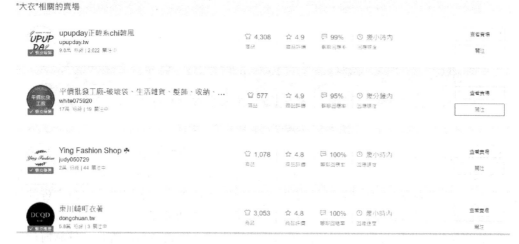

图 5-7　某一关键字的店铺广告前 4 位

(二)竞价排名营销的特点

第一,出价越高,卖家广告展示的可能性就越高,推广广告位排名越靠前。由于平台内的卖家都可以参加竞价排名,当多名卖家竞价的关键字相似或者相同时,自然出价高的推广广告位在出价低的推广广告位之前。

第二,广告实际收取的价格通常低于卖家的出价。这是由于 Shopee 平台会通过综合计算向卖家收取的最低费用,尽可能地减少卖家成本,提高卖家投放广告的效益。

第三,商品的相关性越高,卖家广告展示率越高。卖家在投放广告时,要充分利用关键字的差异,精准关键字,提高关键字与商品的相关性,这样就更有可能获得更好的展示位和更高的展示率,从而吸引更多购买意向的人群。

【课外拓展 5-1】

设置"我的折扣活动"

Shopee 站内营销除了常用的直通车营销和竞价排名还有一种使用率非常高的营销活动:我的折扣活动。这也是很受买家欢迎的营销活动,能够在很大程度上提高商品的销售量,为店铺带来大量流量。折扣设置需要注意的是上架之前就把商品的各项成本,以及折扣空间算到价格里面,设置合理的折扣价格,并且提高原价进行折价销售。

第一步:登录卖家中心——我的行销活动(Marketing Centre),如图 5-8 所示。

图 5-8 第一步

第二步:选择我的折扣活动(My Discount Promotions),如图 5-9 所示。

第三步:点击右上角"+"New Discount Promotion,该页面设置会出现三种促销状态。

(1)即将开始(Upcoming):即将开始的促销活动。

(2)正在进行(Ongoing):正在进行中的促销活动。

(3)已失效(Expired):已经结束的促销活动。

点击【+New Discount Promotion(添加新的折扣促销)】设置店铺折扣活动,如图 5-10 所示。

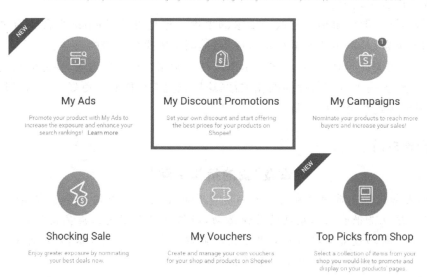

图 5-9 第二步

图 5-10 第三步

第四步：输入活动名称以及活动时间。其中 Promotion Name，即活动名称仅作为卖家参考，买家在前端不会看到；Promotion Period，即最短活动时间为 1 小时，活动时间一旦设置，将无法延长，只能缩短活动时间或者删除重设，如图 5-11 所示。

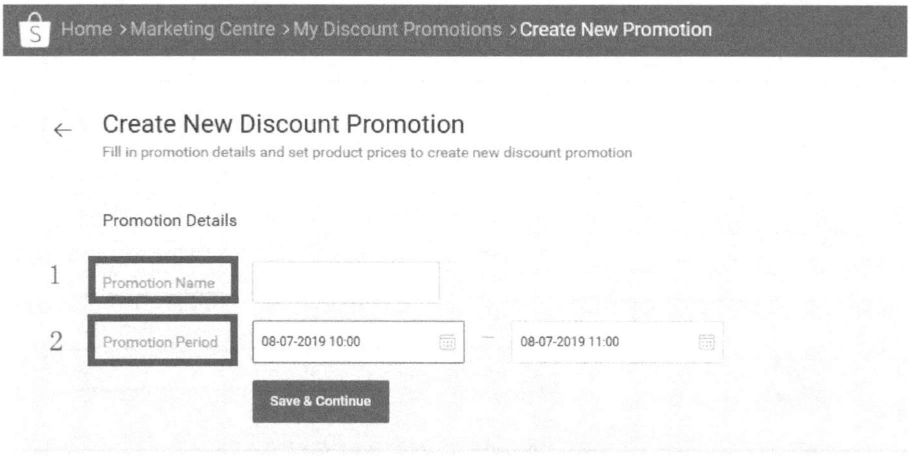

图 5-11 第四步

第五步：勾选参加打折活动产品，可以全选，也可以通过产品类别删选，或者搜索特定商品，或者单个挑选；选择完毕点击"确认"保存，如图 5-12 所示。

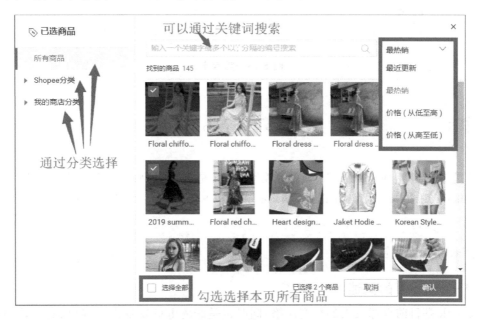

图 5-12 第五步

第六步：设置折扣和买家购买上限，如图 5-13 所示。

售价 Discounted Price：单个产品编辑时能直接设置折后价格，系统会自动运算。

例如，折扣 20% 等于 8 折。同一个活动下的不同产品，可以有不同的折扣和购买上限。一件商品有 3 个规格，限购 3 件，那么购买上限是 3×3＝9 件。

第七步：信息确认无误后，页面会有"done"按钮，点击即可保存。需要注意的是在设置完折扣之后一定要仔细检查商品价格是否合理，避免与商品优惠券相冲，出现"卖多亏多"的情况。

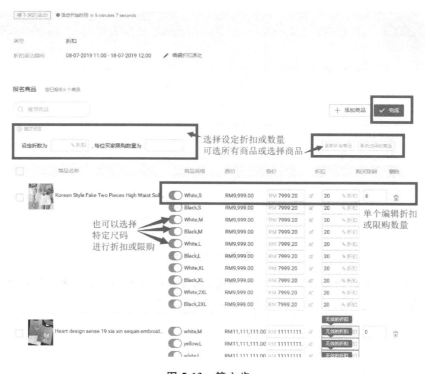

图 5-13 第六步

第二节 SNS 营销

SNS 是 Social Networking Service 的缩写,中文是指社交网络服务。国际主流的 SNS 软件有 Facebook、Instagram、Youtube、Twitter 等。SNS 营销是指利用社交网络平台进行的各种营销活动。

一、Facebook 营销

(一) Facebook 的概述

Facebook 是目前全球较大的社交网络,同时也是跨境电商发现潜在客户、商品营销和网站引流的重要国外社交媒体工具。Facebook 的主要功能包括发布即时消息、共享相册、留言、点赞、创建粉丝专页、发布活动、互送礼物、应用程序等。由于 Facebook 在全球范围内拥有较高的流量,通过 Facebook 引流是一种常见的营销方式。

(二) Facebook 营销的方法

1. 创建 Shopee 店铺商业页面(公共账户)

Facebook 营销需要创建店铺账号。在 Facebook 注册店铺账号,可以选择注册 Facebook Business Page(商业页面),这是个人资料页面的商业版本,包含店铺链接、时间、服务和用户评论,以及添加自定义选项卡。某品牌的商业页面如图 5-14 所示。通常商业页面被用来建立品牌知名度,联系目标受众,宣传促销活动等。同时它也是使用 Facebook 广告和 Facebook 群组等其他营销工具的先决条件之一。

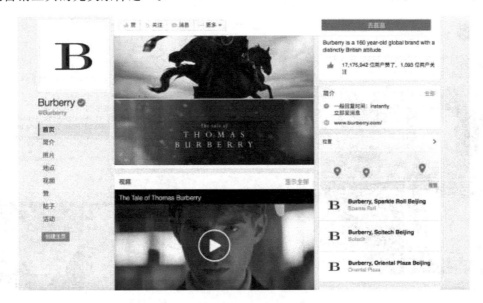

图 5-14 某品牌的商业页面

2. 定期发布产品动态

创建好自己的主页后,需要定期更新页面内容,保持一定的活跃度。更新的内容一定要是关注者感兴趣的内容,比如新推出的产品服务、近期的优惠互动、不同产品的对比介绍等,如图 5-15 所示。

3. 建立群组,经常性与粉丝互动交流

Facebook 群组是用户(企业)为了共同的兴趣或业务而建立联系的社区。Facebook 用户可以根据自己的兴趣和意愿选择是否加入,企业通过 Facebook 群组可以获得关注并接触积极参与的目标受众。Facebook 群组并不是一种直接的广告形式或一种推广平台。相反,其重点是群组中的成员,并围绕他们的共同兴趣、目标或事业建立社区。企业在 Facebook 群组中联系目标群众,保持与群内粉丝互动交流,以此提高品牌知名度。

4. 发布活动和大事记

在 Facebook 页面宣传活动和大事记是一种常见的营销手段。Facebook 的商业页面具有"发布活动""大事记"的功能模块,商家可以通过这些功能发布不同主题的活动,提醒粉丝重要的活动和活动日期,例如在圣诞节期间新品转发抽奖,在发布活动前要确定活动的主题、起始时间、参与方式、获胜条件以及奖品。活动描述一定要简明扼要、风趣幽默,确保吸引更多人关注活动。发布活动后,可以设置分享对象,选择有可能对活动感兴趣的粉丝。当选择对象收到活动信息后,活动信息会记录在"大事记"中作为提醒消息。

5. 投放广告

Facebook 广告是按照点击数来付费的广告,类似于 Shopee 直通车广告。Facebook 通过特殊的演算方式向特定用户投放广告,如图 5-16 所示。换句话来说,广告客户可以精确地找到想要投放的对象,企业可以直接将广告设置成商品链接或者店铺链接。Facebook 广告在企业投放后根据用户点击、视频观看次数或转化率等受众互动来计算费用。任何拥有 Facebook 商业页面的企业都可以通过 Facebook Ads Manager 功能模块投放广告。

图 5-15　某品牌发布新款产品信息　　　　　图 5-16　Facebook 的投放广告

6. 联合营销

联合营销是指企业与企业或企业与平台知名红人合作推广和交叉销售彼此的产品的营销方式。联合营销能够借助合作带来的流量帮助企业获得更高的知名度。其中比较常见的联合营销的形式是与"网红"的联合营销。选择粉丝与企业产品受众群相似的"网红"发布与产品的推荐信息或者活动信息，能帮助企业提高销售量。另外，企业也可以与其他企业联合营销，以促进彼此的产品或服务，并从其他企业受众那里获得曝光。

（三）Facebook 营销技巧

（1）明确投放广告的目标后，针对可能出现的不同情况制定相应的策略，以便提前应对。例如增加 1 万的店铺浏览量，浏览量高可能会增加店铺的销售量，卖家应该做好准备提前备货。

（2）无论是商业页面发布的内容还是投放的广告都要尽可能地融入创意来吸引更多购买者。直白且无新意的广告不仅不会吸引买家仔细查看内容或者点击链接，而且可能会引起买家的反感。

（3）营销内容要选择适合的文字、图片或者短视频，同时也要紧跟互联网潮流，吸引更多的年轻人关注。例如比起简单的文字内容的广告，买家更容易被短视频形式的广告所吸引。

（4）营销内容可以选择多种多样的营销方式。例如可以既有文字图片，也可以增加有奖转发抽奖活动。

（5）在商业页面保持一定频率内容的更新是所有营销方式中最重要的。现在是信息时代，买家每天被大量数据信息所包围，如果商业页面长久没有更新，大部分买家就会遗忘该品牌。

二、INS 营销

(一) INS 营销的概述

Instagram,简称 INS,是即时分享图片的社交平台,用户之间能够以一种快速、美妙和有趣的方式将随时抓拍的图片进行分享。INS 基于用户上传的照片建立了一个微社区,在这里大家可以通过关注、评论、点赞等操作与其他用户进行互动。经过近几年的发展,INS 已成为当下年轻人黏性最强的社交平台之一。在跨境电商营销中,INS 营销是较为常见的一种营销。

(二) INS 营销的方法

1. 创建店铺账号

INS 的企业账户类似于 Facebook 的"Pages"功能。在页面外观上,INS 的企业账户页面与普通用户的页面相似,但是会增加一个"联系我们"的按钮,用户点击"联系我们"会获得企业更多的信息,例如店铺链接、卖家联系方式等。在智能手机时代,人们更青睐用碎片时间短平快地即时发送消息和图片,INS 已成为全球范围内最受欢迎的手机照片分享平台,因此在 INS 上创建店铺账号会给店铺带来一定的流量,提升品牌知名度,塑造优质专业的品牌形象。

2. 投放 Instagram 线索广告

在 INS 上收集潜在客户的简便方法是使用线索广告。当用户点击线索广告后,INS 系统会提示他们填写表单,向卖家提供一些基本信息,例如电子邮箱、联系方式、出生日期、兴趣爱好、职业等。另外线索广告也用于邀请用户订阅电子期刊、接听跟进电话以及接收商家信息等。通过线索广告的反馈,商家可在平台内收集用户的相关信息,并可以从中找到潜在用户,以及获取更多的商品推广信息,为以后的广告受众定位策略做数据支撑。

在 INS 上投放线索广告需要通过企业账户和 Facebook 企业账户操作。卖家需要在 Facebook Ads Manager 中创建 Instagram 线索广告,并选择"潜在客户开发"作为你的营销目标。卖家可以设置预算以提高表单填写的成功率,可以选择系统设置的"自动投放(Automatic Placements)",以确保能够尽可能地优化投放成本。

3. 定期发布产品动态,提高与粉丝的互动率

INS 店铺账户需要定期发布新内容,保持一定的活跃度。更新的内容一定要是关注者感兴趣的内容,并且要以图片为主,例如新产品的外形图片、产品的使用视频、不同产品的对比图片等,如图 5-17 所示。

4. 充分利用个人简介进行推广

由于 INS 界面的简洁清晰,INS 的用户较其他平台更看重个人简介。卖家在创建 INS 店铺账号后第一件事就应该优化个人简介,为后续的营销推广打好基础。

首先,选择合适的头像,符合店铺售卖商品的风格,最好是品牌的 Logo。

其次,选择合适的账号名称,一般情况会使用店铺名称。

最后,优化简介内容,简介内容包括店铺名称、店铺主营业务、店铺链接等,如图 5-18 所示。由于 INS 的商品链接空间有限,因此,需要尽可能优化简介内容,充分利用简介中的链接空间。

5. 与"网红"合作

所谓的网红,就是在 INS 平台上拥有一定数量(较多)粉丝并受到追捧的用户。与"网红"

图 5-17　某品牌发布产品动态

图 5-18　某品牌 INS 公共账号个人简介

合作是一种比较主流的能够开发潜在客户的有效策略。商家可以选择与品牌或商品匹配度较高，但其粉丝与品牌账户的粉丝只存在部分重叠的网红，以确保与"网红"的合作能够真正地为商家带来更多流量和潜在客户。在选择网红时要关注各方面的数据信息，例如网红的口碑、购买转化率、合作费用等。对于新开的店铺或者公司而言，合作的网红如果能够获得粉丝的信任，它能够产生的影响将远远超过店铺自身的影响力。

6．举办以推广为目的的活动

不论是在 INS 上举办有奖竞赛、促销还是推广活动，都能够在短时间内为卖家积攒大量的人气。卖家可以要求粉丝完成一份调查，以获得抽奖的机会，也可以邀请粉丝对相关帖子发表评论，还可以将不同的竞赛概念进行重叠，以实现更好的营销效果。比较常见的竞赛方式：点赞抽奖、要求用户在评论中标记好友、向用户求关注、要求用户发表评论、摄影竞赛等。

（三）INS 营销技巧

（1）投放广告要融入创意，以吸引更多潜在购买者关注店铺。

（2）由于 INS 平台是一个图片分享平台，营销内容应以图片为主，要选择与 INS 平台风格相一致的推广内容。

（3）店铺账号需要保持一定的更新频率，信息可读性强、视觉体验良好、内容能够满足用户的期待，一周保持在 3 次以上。

（4）在 INS 平台上可以注册 Instagram Shopping，多创建可以推广产品的购物类 INS 帖子，为相关内容添加店铺的产品标签。

【课外拓展 5-2】
YouTube 视频营销的九大策略

YouTube 是一个视频网站,能够让用户下载、观看及分享影片或短片。YouTube 作为当前行业内较成功、实力较强、影响力颇广的在线视频服务提供商,是 Shopee 拓展流量来源的不错选择,也是品牌后期营销活动需要重点关注的平台。下面我们来介绍视频营销的一些策略。

(1) 在频道内制作发布介绍短片。访客来了可以自动播放,让访客可以快速了解该频道。

(2) 为 Youtube 短片想一段广告词。例如,在短片的结尾处说"我一般在每周一上午发布视频,欢迎大家订阅"。

(3) 视频的封面与视频内容的主题应一致。视频的封面有时候会更容易吸引人们点击进来。

(4) 与其他 Youtube 红人合作,最好选择受众群和自己商品相关的博主。可以选择让对方出现在自己的视频内容中。

(5) 借助热点事件获得流量和关注。由于"热点"已具备一定的受众群体,更容易吸引到粉丝。例如发表对热门新闻的看法、讨论流行的事物、对热门视频做出评论等。

(6) 将 Youtube 发布的视频分享到其他 SNS 平台或者其他网络在线论坛。大家可能对分享到 Facebook、Twitter 等平台比较熟悉,也可以尝试分享到某些论坛上的社区,社区用户注重社区讨论主题的一致性,某些社区也会有受众群体。

(7) 整理创建播放列表。如果有足够多的视频,用户进入你的页面找到需要观看的视频会比较烦琐,因此创建播放列表,不仅能够进行有效分类,还更容易出现在 Youtube 的搜索列表中。

(8) 有效使用"资讯卡"推荐自己的其他视频。"资讯卡"相当于强化的注释,能够为用户推荐其他合适的视频,从而带来更多的流量,以提高订阅量。

(9) 维护粉丝。只有拥有一定的受众群体才能促进账号稳定发展。

第三节 邮件营销

邮件营销,是在邮件用户事先许可的前提下,通过电子邮件的方式向目标用户传递营销信息的一种网络营销手段,如图 5-19 所示。邮件营销是一种直销方式,相较于其他网络营销手段,邮件营销是比较传统的营销手段,是 Shopee 卖家的重要营销内容。发送营销邮件给客户,能够鼓励并保持客户的忠诚度,也能够吸引新的客户或者影响以前的客户再次购买新产品。

一、邮件营销操作流程

(一) 确定精准的用户邮箱列表

收集邮箱地址,是邮件营销的第一步。收集邮箱地址的方法有很多:第一,通过搜索引擎、网站采集;第二,统计历史买家的账号,一般来说 Shopee 平台上的买家账户都是用邮箱注册的,

图 5-19　邮件营销广告

如果是曾经购买过卖家店铺的买家会留下账户等相关信息；第三，同类店铺、购物平台的粉丝 QQ 群，这些用户都是潜在的商品购买者。本文主要介绍针对历史买家的邮件营销，通过 Shopee 店铺卖家中心的后台统计出历史买家账号精准的邮箱列表。

（二）明确邮件营销的目的

只有确立邮件营销的目的，卖家才能制定相对应的营销策略发送邮件给客户。常见的邮件营销目的有以下几种：第一种，提升店铺或商品流量；第二种，提高品牌认知度；第三种，提高新品销售量；第四种，宣传店铺营销活动；第五种，提高会员活跃度。一般来说，邮件营销不只有一个目的，有时候卖家既想宣传店铺活动也想提高店铺产品的销售量，或者既想提升店铺流量也想提高会员的活跃度。

（三）明确邮件内容

发送的邮件内容是邮件营销的核心。相对于其他营销邮件营销有以下几种内容：

第一种，促销邮件。其主要内容是推销店铺的产品或服务。邮件所含的信息清晰明确，用户不会花过多的时间来仔细看邮件，因此可以创造一种紧迫感，给用户一个快速购买的理由，例如促销的限时时间段明显，使用"立即购买"等关键字，如图 5-20 所示。

第二种，新品邮件。其主要内容是介绍店铺最新的产品。当店铺有新产品时，卖家要尽快向订阅用户发送邮件信息。邮件尽可能地采用画面精致的图片来直接展示新品，主题行中直接显示类似"本周新品""本季度限量发售"这样的字眼，让用户对此邮件产生兴趣，提高邮件的打开率。

第三种，店铺宣传邮件。其邮件内容主要围绕着宣传店铺、提高品牌知名度、增加用户忠诚度等方面。店铺宣传邮件并不需要内容丰富且冗长的邮件内容，可以加入店铺主营业务、店铺商品图片、店铺或商品链接等，如图 5-21 所示。

第四种，欢迎新会员邮件。当买家成为 Shopee 店铺会员时，可以向新用户发送欢迎邮件。邮件内容要使用温暖亲切的语言祝贺用户成功注册店铺会员，并告知新用户注册会员所拥有的特权以及享受到的福利。

图 5-20　促销邮件

图 5-21　店铺宣传邮件

第五种，产品咨询邮件。这类邮件是需要帮助用户解决关于产品的疑惑，应提供用户详细的文档资料。例如，店铺是售卖相机的，就应该给买家发送关于使用相机功能的邮件。因为产品咨询邮件解决的是买家实际的问题，因此邮件内容要尽可能减少语法错误，使用较为正式且易于理解的语句。这类邮件还应该展现店铺对买家的服务承诺，在邮件较为明显的区域有"联系我们"等字眼。

（四）跟进邮件

跟进邮件是指用户在购物后的订单通知、发货通知、感谢购买等邮件。接收过跟进邮件的用户比未接收过跟进邮件的用户对后续邮件的打开率高。原因：一方面是因为跟进邮件能够强化店铺的品牌形象，让用户对后续邮件产生信任与关注度；另一方面跟进邮件里会有一些店铺的营销信息，会吸引用户再次购买。建议在用户购物后一周之内发送一封跟进邮件，在邮件主题与内容中可放置个性化信息，如用户的账号名称、订单号、产品名称等，同时还可提醒用户关注后续的邮件，可以享受邮件独享优惠等。

二、邮件营销效果评估

邮件营销因其成本低、效果好的特点，成为许多电商企业的重要营销策略。但是准确的评估邮件营销效果比较难，目前对邮件营销效果的评估技术与方法正在不断探索中，这里主要介绍以下 4 个评估指标，这 4 个评估指标是一个整体，缺一不可，需要综合考量来判断邮件营销的效果。

（一）邮件送达率

邮件送达率是邮件营销最重要的评估指标。邮件营销是向买家发送电子邮件信息的一种网络营销手段，邮件送达率将直接影响邮件营销的效果。由于网络大数据时代的到来，垃圾信息充斥着网络，许多用户会选择屏蔽广告邮件。邮件送达率的公式为：

$$邮件送达率 = 实际到达用户邮箱数 \div 邮件发送数 \times 100\%$$

其中,实际到达用户邮箱数和邮件发送数都可以通过邮件系统反应得到。

一般来说,邮件无法送达的原因有三个:第一,用户邮箱已满;第二,用户邮箱已注销;第三,收集到的用户邮箱地址格式错误。店铺可以从以上三个原因分析实际邮件送达率,送达率越高越好。举例,店铺主小王有 200 个邮箱地址,导入邮箱进行发送后,显示有 10 个邮箱地址是无效格式,10 个用户的邮箱已满,10 个用户的邮箱地址已注销,最后实际发送了 170 条邮件,那么实际的邮件送达率为 $170 \div 200 \times 100\% = 85\%$。

(二)邮件打开率

邮件打开率是转化的关键。收件人在看到邮件后,会在短时间里来判断是否立即打开或者不打开甚至删除。由此可见,邮件的主题是否吸引人、店铺的吸引力、邮件是否有"垃圾邮件"之嫌等情况都有可能影响邮件打开率。具有清晰、可靠、号召力的标题有助于促使用户打开邮件。邮件打开率的公式为:

$$邮件打开率 = 邮件打开总数 \div 邮件送达数 \times 100\%$$

其中,邮件打开总数由邮件服务系统提供,用户打开邮件,系统自动会记录并统计该行为。

(三)点击率

邮件营销的内容里一般会放入店铺或者商品的链接,客户通过点击链接进入店铺或商品的页面。因此,点击率是有效评估邮件对店铺营销页面访问量增加的效果。点击率的统计可以通过跟踪用户点击行为来获取。点击率可以细分为邮件点击率、各个元素的点击率、推荐内容的点击率。

$$点击率 = 点击数 \div 邮件打开总数 \times 100\%$$

其中,各点击率通过网站流量统计系统提供。

(四)转化率

转化率是指通过邮件营销,客户最终购买商品的数量与营销对象数量之比。转化率是邮件营销的最终目标。Shopee 平台转化的目标是增加线上订单,

$$转化率 = 因邮件营销增加的客户数 \div 邮件打开总数 \times 100\%$$

其中,因邮件营销增加的客户数由 Shopee 平台计算统计。

【课外拓展 5-3】

跨境电商邮件营销——大龙网(DinoDirect)

用户可以在注册账号时选择订阅营销邮件,从而得到商家的营销信息及购物流程指导。这样的邮件营销曾经非常受顾客欢迎,且取得了良好的效果。在 webpower(威勃庞尔)中国区跨境电商邮件营销实践调查中,多数跨境电商都会在用户订阅邮件后发送各种类型的营销邮件。对于用户来说,通过邮件能够获得网站购物的信息、操作指南的信息等。对于商家来说,可以通过在邮件中适当巧妙加入热门产品介绍、优惠券等促销元素,提高平台店铺流量和商品销量。但是这种受欢迎的状态没有一直持续下去,如今客户在邮件上不再活跃,大部分电商企业没有立即采取相关措施。通过邮件渠道辛苦吸引来的客户,就这样悄悄地流失了。

大龙网是为数不多的采用"多组合策略挽回客户"的跨境电商企业。大龙网主要采取了以

下三项措施:

第一,当客户不常用邮件后,会经常性地收到大龙网发送一封亲切而深情邀请客户回归的邮件,例如在客户 60 天、90 天、100 天等没有打开邮件时,另外邮件中也会附上近日企业的优惠信息。

第二,大龙网考虑到客户的离开可能是由于阅读设备及方式的变化造成,所以邮件中同时还提供 Newsletter、App、Facebook 等覆盖主流用户群体的多个渠道来挽回用户。

第三,大龙网非常重视客户服务,因此建设了"Customer Service Center",即客户服务中心。企业经常性地在邮件中表达对客户的关心与关注,随时关注客户的需求。

第四节 实 训

经过之前章节的学习,我们了解了站内营销、邮件营销以及 SNS 营销的相关知识。现在,请设置一次 Shopee 平台直通车营销和设计一封邮件营销的内容。

一、设置一次 Shopee 平台直通车营销

本节中示例选用直通车营销中心的关键字广告。

(一) 登录 Shopee 卖家中心(https://seller.my.shopee.cn/)

卖家中心首页如图 5-22 所示。

图 5-22 卖家中心首页

(二) 进入关键字广告页面

点击"我的广告"进入"关键字广告"页面,如图 5-23 所示。

(三) 创建关键字广告

第一步,选择"立即创建关键字广告",如图 5-24 所示。

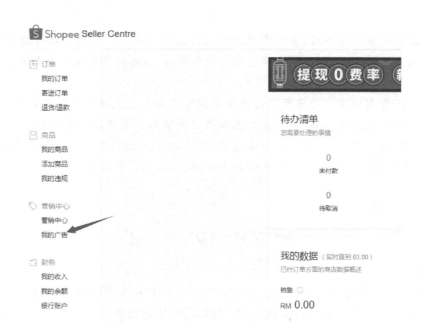

图 5-23　点击箭头方向所指位置

图 5-24　选择"立即创建关键字广告"

第二步，点击需要投放广告的商品，再确认，就可以进入创建关键字广告页面，如图 5-25 所示。

第三步，进入设置关键字广告的页面进行设置，如图 5-26 所示。

"关键字广告"所需要设置的项目有三项：预算（每日）、时间长度、关键字或词。预算设置应该根据店铺每天愿意投入的营销费用来考量，如果店铺在推广期，并且经过过往广告营销数据推算，可以为店铺选择合适的广告预算设置，慎选"无限制预算"；时间长度设置应和店铺推广期

图 5-25 选择投放广告的商品

图 5-26 关键字广告设置页面

相吻合,也可以选择大型节假日前一段时间;关键字可以选择系统智能推荐的关键字,并附有推荐出价,如果想选择其他关键字可以通过点击"新增关键字"页面进行设置。

第四步,点击"确认发布",一则直通车营销(关键字广告)发布成功。

二、设计一封邮件营销的内容

本节设计关于夏季女装优惠活动的邮件营销内容,步骤如下。

第一步,确定邮件标题:夏季裙装优惠倒计时3天!错过再等1年!营销邮件主题要尽可能简短、贴心,使用有意义的主题,让买家迅速了解邮件的内容并判断其重要性,可适当使用"!"以引起买家的注意。

第二步,确定称呼与问候语:所有爱美的仙女们。邮件开头需要恰当地称呼收信者,表现出极大的礼貌和诚意。不同的受众群体应使用不同的称呼,此次邮件营销是夏季裙装,买家主要是女人,选择"仙女"这个称呼更易提高受众买家的心理舒适度。

第三步,设计合适的正文部分,将销售量排名前五的产品图片以及原价和优惠后的价格放入正文中进行对比,并将优惠时间突出在邮件开头。需要注意的是,点击每个产品的图片可以进入它实际的购买页面。在设计邮件营销正文时一定要简明扼要,行文通顺,把重要的信息放在最前面,例如折扣、优惠时间、店铺名称等。

第四步,翻译邮件全文。由于跨境电商的买家既有中国买家,也有其他国家的买家,因此一份邮件的内容最好中英文都有。卖家可以自行翻译成英文,可以使用翻译软件,也可以让专业的翻译人员翻译。

【课后思考】

如果卖家资金有限,应该如何选择价位合理,效果又理想的营销?

本章小结

本章带领大家学习了跨境电商营销。跨境电商营销内容主要分为站内营销、SNS营销、邮件营销。站内营销从直通车营销和竞价排名两个方面阐述,SNS营销讲解的是Facebook和INS平台营销运营,邮件营销从邮件营销操作流程和效果评估两个层次深入讲解。最后设置关于Shopee直通车营销和邮件营销的实训内容。通过本章的学习,学生能够基本了解和掌握跨境电商营销的概念、方式、分类。

复习思考

1. 直通车营销的定义是什么?具体有哪些分类?又有什么区别?(Shopee平台)
2. SNS营销是指什么?除了本书中提到的SNS平台营销还有哪些比较常见的?
3. 评估邮件营销可以从哪些方面开展?
4. DealeXtreme(DX)是一家综合的外贸B2C电子商务网站,帝科思(深圳)贸易有限公司旗下网站。创始人陈灵健早在2007年年初就从eBay平台上撤资出来做DX平台生意,以优良的技术架构、强悍的价格战能力、低廉人力和网络营销技术迅速崛起,2010年销售额达到2亿美元,盈利几千万美元。DX采用的方式是"SNS营销",最擅长"论坛营销",即通过和论坛合作,把网站相关的产品信息、打折优惠信息曝光,并把不同的产品推送到不同的论坛,是用户黏度极高而成本又低廉的一种方式。可以说论坛营销"除了人力,就没有其他的支出了"。其实,

DX 所做的网络营销特别之处在于独立运营一个论坛,上面聚集了大批早年追随陈灵健的买家,并且不停地依靠口碑拉来新客户。按照陈灵健的想法设计的论坛充分体现了互联网自由的精神,论坛上任何一条回复和信息都不能被任何人删除,所有的版主都是消费者。在大部分的板块里,男生们自由讨论着想讨论的东西。该网站运行到现在,仍然有一些产品帖后面能够跟上数千条买家的回复,这样的黏性,令许多外贸 B2C 老板羡慕不已。

(1) SNS 营销有什么特点?

(2) DX 的 SNS 营销有什么优势?

答案与提示:

1. 直通车营销是指卖家在平台上直接投放的广告。Shopee 的直通车营销有三种:关键字广告、定向广告(关联广告)、店铺广告。关键字广告是指卖家通过在 Shopee 搜索结果页面中突出显示的广告,来帮助购物者找到并购买卖家的产品;定向广告(关联广告)是指将商品推荐在买家浏览的商品详情页上的"相似商品"或者买家主页上的"每日发现";店铺广告是指卖家在 Shopee 搜索结果页面顶部显示店铺的广告。

2. SNS 营销是指利用社交网络平台进行的各种营销活动。Facebook、Instagram Twitter、Youtube 等。

3. 邮件送达率、邮件打开率、点击率、转化率。

4. (1) SNS 营销的特点:资源丰富,用户依赖性强,互动性极强。

(2) 开放性答案。例如,能够满足不同企业不同的营销策略,满足买家网络需求,实现目标用户精准营销。

第六章
跨境电商支付与风险防范

KUAJINGDIANSHANG YUNYINGSHIWU

更多学习资料请扫二维码

本章概要

随着跨境业务量的增长,传统的跨境支付方式已经无法满足如今的跨境电商。本章将主要讲解跨境电商支付与风险防范,分别从国际支付、跨境电子支付、实训等方面学习跨境电商支付与风险防范的具体内容。通过本项目的学习,学生能够基本了解和掌握跨境电商支付与风险防范的概念、方式、内容。

学习目标

1. 了解国际支付的概念;
2. 了解国际支付的演变;
3. 了解跨境第三方支付产生的背景;
4. 了解几个重要的跨境支付结算方式;
5. 了解跨境支付的风险;
6. 掌握跨境支付的防范举措;
7. 掌握设置 Shopee 平台支付方式。

第一节 国际支付

国际支付伴随着商品进出口而发生,然而它的发展又反过来促进了国际经济活动的发展;同时,伴随着国际经济活动的发展,其应用范围也不断扩展。

一、国际支付概述

(一)国际支付的概念

国际支付,也可称国际结算,是指两个或两个以上不同国家个人、企业或者政府为商品买卖、服务供应、资金调拨、国际借贷而进行的货币支付业务。

国际支付是伴随着世界各国之间经济交流发展起来的。世界经济发展到一定程度,商品进出口贸易开始频繁起来,国际支付应运而生。同时,国际支付的发展又促进国际经济的发展,并在国际经济活动中应用范围越来越广。

(二)国际支付的演变

在早期的资本主义时期,国家之间的货物进出口交易通常使用现金支付,或者使用黄金、白银等金属货币来支付。然而,使用现金或金属货币支付不仅运输风险大,占用大量资金,而且清点工作量也大,还需辨别真伪。因此,在交易金额较少的情况下,一般会采用现金支付。

到 16 世纪,一些商业发展比较快的欧洲城市开始使用票据进行支付。票据作为一种方便的非现金支付方法逐渐取代了现金,这也使得商品支付变得更迅速和简便,并且能在一定程度上节约现金流通的费用。票据化的支付方法进一步促进了国际贸易的发展。

到19世纪末20世纪初,国际贸易中买方可以凭单付款,要求银行以单据作为抵押向出口商融资,银行信用被引入普通的国际支付业务中。银行加入国际支付体系中使得商人增加进出口贸易量,银行也得以扩展自身业务。国际支付体系就此建立起来,以商人和银行商业互动为核心,以融资为特征,以银行为中枢。

第二次世界大战过后,科学技术飞速发展,国际支付业务也随之发展起来。此时,国家支付有相对应的国际条约,并且也形成了一些国际惯例,在跨国贸易中能够满足买家和商人资金支付安全快速交易的要求。

二、跨境第三方支付

(一)跨境第三方支付的产生

随着跨境电商的出现,跨境电商的业务量和资金量大大增加了。在跨境电商活动中,买卖方来自不同的国家,地域上跨度较大,使用的货币不同,双方的沟通更依赖于网络、电话等现代沟通工具。因此跨境电商的交易主体更加关注信用保障和支付安全等问题。为迎合同步交换的国际市场的需求,拥有良好信誉的第三方支付平台应运而生。

(二)跨境第三方支付的特点

第一,独立的第三方互联网支付平台拥有良好的信誉,能够成为跨境电商交易的信用中介。某些支付平台能够为买卖双方提供信用保证,交易涉及的款项在交易完成前是放置在平台上的,这样能够保证买家在收到货物前,不会早早就把款项打到卖家账户上。

第二,跨境第三方支付平台的线上支付功能安全便捷,也符合跨境电商对支付安全的要求。由于跨境支付涉及不同币种、烦琐的手续、长距离交易等现实问题,跨境第三方支付为买卖双方节省了大量的时间和精力。

第三,跨境第三方支付平台降低了买卖双方的支付成本。跨境支付涉及不同币种的汇率差、直连银行的手续费等成本。第三方支付平台通过平台优势为买卖双方大大降低实际的支付成本,满足了买卖双方专注发展在线业务的收付要求。

第四,跨境第三方支付平台利益中立的立场,避免了与买卖双方任意一方有业务竞争的可能性。

总之,随着跨境电商的快速发展,跨境第三方支付平台为跨境电商交易支付提供信用担保和安全支付支持,跨境第三方支付也在不断发展。

【课外拓展6-1】

跨境第三方支付平台的典范——支付宝

一、支付宝的跨境支付流程

买方能使用支付宝进行跨境支付的前提是拥有一个已实名认证的支付宝账户。买卖双方在确认交易后,买方通过银行账户将正确的资金转入支付宝账户中并发出支付指令,支付宝则将买方代扣的资金转入虚拟账户代为保管,支付宝向卖家发出"款项已收到"的通知,卖家收到通知即进行发货。货物到买家手中并检查无误后,向支付宝发出"已收到货物"的通知,款项即转入卖家支付宝账户中。这种跨境支付的模式实质是支付宝作为跨境交易的信用担保人。

二、支付宝跨境支付的优势

在跨境贸易中,买家和卖家最关心第三方跨境支付平台的安全性和便捷性。支付宝作为淘宝网解决网络交易安全所设的一个功能,非常重视用户的支付安全问题。其安全性在交易中具体表现在如下几个方面:

(1)"支付宝账户"对用户实行双重身份认证。"支付宝账户"对用户实行身份认证及对其提交的银行卡认证。在认证过程中提交的信息未通过验证,则所注册的账户将不能使用收款、查询收支明细等功能。

(2)安全保障的技术手段在国际上较为领先。支付宝在发展支付技术的同时也不断加强支付的安全性。

(3)"支付宝账户"为用户提供两个密码和双重保障服务。支付宝需要使用者设置登录密码和支付密码两个密码,每个密码每次在使用时有输入错误次数限制,超过次数限制支付宝会将账户锁定。

(4)支付宝也为用户提供了短信通知功能,用户在进行修改密码、使用支付宝账户余额付款、申请提现、更新登记的银行账号等操作时,会收到短信通知,这进一步加强了用户的账户安全。

第二节　跨境电子支付

跨境电子支付结算活动是跨境电商进行交易过程中十分重要的一个步骤,如果支付路径和方式不便,会影响用户的购买意向进而影响成交量,对跨境电商自身的经营也会造成极大的阻碍。

一、跨境支付结算方式

跨境电商电子支付的结算方式主要有两大类:线上支付和线下支付。线上支付包括了信用卡支付和其他第三方支付平台(支付宝、Payoneer、LianLian 支付等);线下支付主要是银行汇款,适合大金额的交易。下面就从线上结算方式和线下结算方式介绍几种国际市场上比较常见的跨境支付结算方式。

(一)线上结算方式

1. 信用卡支付

目前国际上五大信用卡品牌 Visa、MasterCard、America Express、Japan Credit Bureau Card、Diners club,其中前两个为大家广泛使用。国际上使用得最多的信用卡是 Visa、MasterCard,如图 6-1 所示。跨境电商网站可与不同信用卡组织开通境外支付。其优点是在欧美较为流行,普及率较高,人们使用的时间也比较长;其缺点是使用方式烦琐,而且需要预存保证金,手续费较高。信用卡支付在跨境电商零售的平台和独立 B2C 上都能使用。

2. PayPal

PayPal 与支付宝相似,是在国际上较为常用的支付方式,如图 6-2 所示为 PayPal 的标志,

图 6-1　VISA 卡和 MasterCard

有其标志的平台可以使用该结算方式。其优点是交易可以在线上快速操作,其适用范围广。不过收付双方必须都是 PayPal 用户,安全性高。缺点是交易费用由卖家支付,对买家过于友好;并且平台由于安全性高,账户冻结率也相当高。

3. moneybookers

moneybookers 是以 E-Mail 为支付标识的结算方式,无须信用卡,是第一家被政府官方所认可的电子银行,如图 6-3 所示。其优点是付款人将不再需要暴露信用卡等个人信息,只需要电子邮箱地址,就可以转账;方便快捷,可以通过网络实时地进行收付费,其缺点是不允许客户有多个账户,一个客户只能注册一个账户。

图 6-2　PayPal 标志

图 6-3　moneybookers 标志

4. Payoneer

Payoneer 是 Shopee 平台较为常用的支付结算方式。如图 6-4 所示为 Payoneer 标志。其优点在于便捷,且中国身份证即可完成 Payoneer 账户在线注册,并自动绑定美国银行账户和欧洲银行账户,对中国买家和卖家都比较友好;手续费低廉,电汇设置单笔封顶价,人民币结汇最多不超过 2%。Payoneer 适用于单笔资金额度小,客户群分布广的跨境电商网站或卖家,例如 Shopee 平台。

5. WebMoney

WebMoney 来自俄罗斯,可通过充值取款进行操作使用。如图 6-5 所示为 WebMoney 标志。

除了以上提到的跨境电商电子结算方式,还有 Paysafecard、ClickandBuy、CashU、LiqPAY、Qiwi wallet、NETeller 等,都是世界各地比较常见的结算方式。

图 6-4　Payoneer 标志

图 6-5　WebMoney 标志

(二) 线下结算方式

1. 电汇

电汇是指付款人将一定款项交存汇款银行,汇款银行通过电报或电话传给目的地的分行或代理行(汇入行),指示汇入行向收款人支付一定金额的一种交款方式。其优点在于收款迅速,几分钟就到账,并且买家付款后卖家才发货;缺点是手续费高、用户量少、信用要求较高等。

电汇适用于传统的 B2B 付款模式,适合大额的交易付款。

2. 西联汇款

西联汇款是一种特快汇款方式,可以方便地进行汇出和提款。其优点在于到账速度快;手续费由买家承担;对于卖家来说最划算,可先提钱再发货,安全性好;缺点是对买家先付款,不信任感强烈;手续烦琐,费用高,需要卖家双方本人到现场办理。一般在 1 万美金以下的中等额度支付订单中使用西联汇款。如图 6-6 所示为西联汇款标志。

图 6-6　西联汇款标志

3. MoneyGram

MoneyGram，又称速汇金汇款。收款人通过汇款人提供的编号即可收款。它的优势在于汇款速度较其他线下结算方式快，十几分钟即可到账；汇款金额不高时，费用相对较低，无中间行费用，无电报费；手续简单。缺点是汇款人及收款人均必须为个人；现钞变汇手续费较高。如图 6-7 所示为 MoneyGram 标志。

图 6-7　MoneyGram 标志

二、跨境支付的风险与防范

在跨境交易中，交易双方通过第三方支付平台进行结算，会产生一定的不安全感，对第三方平台不一定能够完全地信任。尤其是网络经济中完成的物权和资金的交换，交易者双方无法确认对方的真实信息，也无法确认交易完成的真实性。

对买家而言，主要是面临商品信息虚假，被卖家骗取买下货物；或者卖家用促销优惠活动吸引流量，提高商品和店铺点击率；或者买家付款后，卖家虚假发货，或未按照约定时间发货，导致买家利益受损。

对卖家而言，主要的风险是虚假交易和交易欺诈，买家在电商平台上注册虚假信息，为之后取消交易创造条件；买家的恶意退货，对不存在质量问题的商品，寻找各种理由退货，卖家为了自己的信誉不得不接受退货，并承担运费的损失。

（一）风险

1. 买家方面

第一，操作风险。买家在使用第三方跨境支付时操作不当或者不规范会给自己带来财产损失。例如点击了诈骗分子的钓鱼网站，转错账户或者多转钱而造成的损失。

第二，风险防范意识薄弱。随着第三方跨境支付的发展，买家对随之而带来的技术创新风险缺乏敏感性，这使得部分买家风险防范意识薄弱，容易进入骗子的圈套，给自己带来财产的损失。例如骗子伪装客服与买家沟通，买家把账户名称与密码告知对方，骗子团队立马转走了买家账户的余额。

2. 卖家方面

第一,信用风险。这是指在跨境支付的交易双方在约定期限内没有完全履行其该承担的义务的风险。交易双方的信用风险虽然不是由跨境支付平台导致的,但是风险过大必然导致支付平台的信用度下降,随之而来的就是多方的质疑,使用人数必将大幅度减少。例如商家卖假货,因货物有问题而退货损失的邮费等。

第二,非法经营风险。卖家非法经营必然导致消费者利益的损失,引起人们对第三方支付平台的信任度下降,第三方支付平台信誉也会受到损失。例如某平台频繁爆出假货交易,导致买家认为该平台没有正品交易。

3. 第三方跨境支付平台方面

第一,洗钱、套现风险。洗钱是指将违法所得及其产生的收益,通过各种手段掩饰、隐瞒其来源和性质,使其在形式上合法化的行为。套现,一般是指信用卡套现,持卡人不是通过正常合法手续提取现金,而是通过其他手段将卡中信用额度内的资金以现金的方式套取,同时又不支付银行提现费用的行为。例如近些年严打的网络赌博,就是使用跨境支付平台进行操作的。信用卡套现属于非法行为,在跨境支付交易中,买家也有可能通过套现行为为自己谋取利益。

第二,沉淀资金监管风险。目前在主流的第三方支付系统的运营模式下,消费者在进行消费后没确认收货前,资金是流转在支付平台上的,这就导致资金延时交付和清算普遍存在的情况,因此第三方支付平台账户沉淀大量现金流并产生一定的利息。一方面,第三方支付平台并非金融机构,而是一个委托代收、代付的机构,需要第三方平台自身有完整系统的管理体系,以确保资金的安全性;另一方面,目前国际上对沉淀资金的法律监管还存在一定的滞后性,缺乏操作性。例如支付宝为买卖双方提供担保,买家拍下商品未确认收货时,这笔款项在支付宝平台上,等到买家确认收货或者自动确认收货(自动确认时限是30天)后,支付宝才会把该商品的交易款项打入商家的支付宝账户,在货物未确认收货的时期,这笔订单的款项成为沉淀资金在支付宝平台里。

第三,安全技术风险。由于第三方跨境支付平台涉及大量交易订单、大量资金,因此支付平台安全技术防护能力尤为重要。有些支付系统中没有设计防火墙和入侵检测系统,没有划分安全域,没有安全事件监控等防护措施;重要数据的传输和存储存在安全隐患,重要网络设备也没有进行安全策略配置;应急处理方案不完备,应对和处理危机的能力还比较弱。以上问题易使非法访问网络系统、窃取平台用户信息、获取安全数据等安全事件发生。传统的病毒和木马,通过网络钓鱼也成为威胁网民利益的第一杀手,网络钓鱼是指骗子以低价等作为诱饵,诱使用户在假的网站或冒充的页面付款,从而导致资金损失。目前,网络钓鱼的黑色产业链已经初步形成,其社会危害是巨大的。例如近期不断爆发用户按照第三方支付平台的正常操作步骤,资金却被转入其他指定账户。

第四,信息泄露风险。第三方支付平台在未经买家授权的情况下将订单信息和买家账户信息挪作他用,或者被某些不法分子非法从支付平台系统获取,将带来严重的用户信息泄露的隐患,很大可能会导致买家利益受损。例如在购买某件商品后,经常会收到以卖家口吻发送的陌生人短信,利用通过非法途径获取的订单信息对买家进行诈骗,类似"订单有问题,有疑问加微信进行沟通"。

(二) 防范举措

1. 买家方面

第一,买家要熟悉跨境电子支付交易流程,尽可能地规避操作上引起的风险。在实际情况中,经常会因为买家本人操作不当引发风险。

第二,保护好个人隐私,不随意把订单信息或者个人信息提供给他人。

第三,提高安全意识。平时的支付中要注意不要进入会盗取信息的网页,警惕他人的付款要求。

2. 第三方跨境支付平台方面

第一,提高安全技术和风险防御能力。支付平台应多吸纳人才,为平台支付保驾护航。

第二,健全用户信用评价体系与用户交易记录保存机制,提升支付双方之间的信任度,使每笔明细资金动向有迹可循,规避洗钱套现风险。

第三,注重员工自身风险意识培训,树立员工的责任意识,定期开展安全事故与风险防范的专题学习,形成诚信、自律的企业文化。

(三) 法律政策监管层面

第一,进一步厘清交易过程中各主体的法律关系和法律责任配置。相关法律应明确界定移动支付各方当事人之间的法律关系,各自的基础性权利、义务,制订有关的支付规范性制度和体系并充分发挥《中华人民共和国电子签名法》的规范作用。

第二,强化沉淀资金的管理,落实反洗钱的管控工作。有关主管机构应当对滞留在交易平台上的消费者交易资金进行确权,明确其所有权属于用户,可试行与证券交易保证金账户类似的监管措施,要求实行银行专户存放。

第三,完善金融消费者权益保护立法,强化消费者权益意识。为跨境电子支付的持续、稳健发展建构健康、有效的外部发展环境。

第四,提高第三方跨境电子支付准入条件,严格市场准入。让发展成熟的第三方跨境支付机构进入国内市场,能够规避由机构自身安全问题引起的风险。

第三节 实 训

下面将从实训角度讲解跨境支付平台及方式,以 Shopee 平台为例,主要讲解设置 Payoneer 支付方式的操作。

经过上面课程的学习,本节进行设置 Shopee 平台支付方式的实训。由于 Shopee 平台有三种支付方式,这里选用设置 Payoneer 支付方式。

(1) 第一步:关联 Payoneer 卡。

①如果尚未注册 Payoneer,则点击"我的钱包",如图 6-8 所示。

②点击"注册",页面跳转至 Payoneer 官网,根据提示详细填写,申请即可,如图 6-9 所示。

如果已有 Payoneer 卡,在卖家中心后台绑定即可。点击"我的钱包"——"注册",右上角选择"已有 Payoneer",输入 Payoneer 卡相关信息后,1~2 天内通过审核,Payoneer 卡即可呈现 "Active"正常使用状态。

图 6-8　注册 Payoneer 页面

图 6-9　Payoneer 注册页面

需要注意的是,页面上方的"Add Bank Account"为当地卖家选择使用,跨境卖家不必添加。

(2)第二步,查看收入,进行提现,如图6-10所示。

①进入"My Income",可以查看Shopee对卖家的支付信息,如图6-11所示。在①中切换可以看到即将拨款以及已完成拨款的概述。

②点击②进入"MY WALLET",可以跳转添加Payoneer卡页面。

③点击③中"Download"图标,便可下载本次结款周期的交易明细。

④切换④处的任意菜单,"To Release""Released""Self Arrange"可查看即将结款或已完成结款的订单信息。

⑤点击⑤中的任意订单,即可以进入查看"Transaction Details"。

图6-10 查看收入页面

图6-11 买家订单确认信息

【课外拓展 6-2】

Shopee 平台支付方式的常见问题解答

1. Shopee 平台如何打款的？打款周期和频率是怎样的？使用什么货币结算？

Shopee 平台可以绑定卖家的 Payoneer 账号，进行结算返款。如果没有开通过 Payoneer 卡，则需要您自行开通；如果已有 Payoneer 卡，请记得在各站点店铺开通后，进入 Seller Center（卖家中心）绑定您的 Payoneer 卡。Shopee 打款周期为 2 周一次，分别为月初和月中，打款金额为打款日期前 2 周内已完成的订单。新加坡站点用新币结算，其他站点使用美元结算。买家支付的时候依然是使用当地货币。

2. Payoneer 卡一定要用公司账号吗？私人账号可以吗？随时可以换吗？

没有限制，只要能正常使用的 Payoneer 卡账号即可，如想更换可在后台重新绑定。

3. 如何更换 Payoneer 卡？

删除 PC 端卖家中心 My Wallet（我的钱包）中的 Payoneer 卡，或者 App 手机端 My Account（我的账户）中的 Payoneer 卡后，重新绑定新的 Payoneer 卡即可。

4. 我已经绑定了 Payoneer，但是后台一直提醒我绑定银行卡，我需要做什么吗？

只要在 Shopee 后台绑定了 Payoneer 卡，并显示 Active 状态，卖家就能正常收到货款，不需要绑定银行卡。

5. Payoneer 打款，最低多少金额才会打款给卖家？

Payoneer 卡打款最低金额为 15 美金。

【课后思考】

Shopee 作为跨境电商平台，其第三方跨境支付方式与其他类似速卖通等平台的支付方式有什么区别？其优势又是什么？

本章小结

本章首先介绍了国际支付的概念和背景，让学生对跨境电商电子支付产生前的背景有了基本的了解；其次本章又从跨境电子结算方式和风险防范两个方面进行阐述，跨境电子结算方式介绍了比较常见的跨境电商线上结算方式和线下结算方式，跨境电商支付风险防范措施又分为支付风险和防范举措两个层次。通过本章的学习，学生能够基本了解和掌握跨境电商支付与风险防范产生的背景、概念、方式、内容。

复习思考

1. 随着跨境贸易和跨境电商的发展，跨境第三方支付平台为跨境电商交易支付提供了什么支持？（多选）

A. 信用担保   B. 技术支持   C. 信息数据   D. 安全支付

2. 以下哪个选项不属于跨境电商第三方支付的线上结算方式？（单选）

A. PayPal　　　　B. MoneyGram　　　C. 信用卡支付　　　D. WebMoney

3. 以下哪个选项属于跨境电商第三方支付消费者方面的风险？（单选）

A. 操作风险　　　B. 洗钱风险　　　C. 安全技术风险　　　D. 信用风险

4. 消费者在使用跨境电商第三方支付结算方式时需要注意什么？（思考题）

5. 在本章的学习中,我们已经学会了如何在 Shopee 平台上设置 Payoneer 支付方式。其实,Shopee 平台还有 2 种常用的支付方式：LianLian 支付和 PingPong,请选择一种支付方式在 Shopee 平台上进行设置。

答案与提示：

1. A、D。

2. B。

3. A。

4. 操作正确、提高防范意识。

5. 略。

第七章
跨境电商物流管理

KUAJINGDIANSHANG
YUNYINGSHIWU

更多学习资料请扫二维码

> **本章概要**
>
> 跨境物流是跨境电商中的重要部分,线上与线下紧密关联,商流需要通过线下物流来进行货物传递。本章主要介绍跨境电商物流的概念,并对跨境电商物流存在的模式进行分析,结合跨境电子商务 Shopee 平台,对常见的跨境电子商务物流模式进行剖析。
>
> **学习目标**
>
> 1. 理解物流在跨境电商中的地位和作用;
> 2. 理解跨境电商物流模式常见的类型;
> 3. 掌握各种跨境电商物流模式的内容以及特点;
> 4. 能在 Shopee 平台进行物流发货操作;
> 5. 能在 Shopee 平台进行物流公司选择与管理。

第一节 跨境物流概述

跨境电商物流在整个跨境电商体系中占据十分重要的地位,跨境物流和跨境支付、跨境营销、跨境供应链等模块共同作用,为跨境电商的发展提供强有力的支撑。跨境物流和传统物流存在一定的差异,通关环节的存在决定跨境电商物流要比国内物流更有挑战。

一、传统国际物流概念

传统国际物流(International Logistics,IL)主要是指位于不同国家的交易主体进行国际贸易时,为进行大批量物资交换,需要将海运、空运、陆运等多种运输方式结合的物流活动。活动最终实现商家交付单证、货物和收取货物,买方接受单证、支付货款和收取货物。

如图 7-1 所示,为传统国际物流的流程。

若参与国际贸易的公司规模不大,也可委托货运代理公司完成物流活动。图 7-2 为某货运代理公司为传统国际贸易企业提供的物流服务,涉及多种运输方式。

多式联运是将海运、空运、陆运等多种运输方式进行结合,国际多式联运通常指在海运、陆运、空运等运输方式中选择两种或两种以上运输方式进行结合,这里所指的至少两种运输方式可以是海陆、陆空、海空等。

二、跨境电商物流的特点

传统的国际贸易面对的客户是企业,具有少品种、大批量的特点,采用水运等运输方式能实现规模效应,产生成本较少。跨境电商主要面向普通消费者,其消费方式具有品种多样、批量较小的特点,以多式联运为主的物流模式用在跨境电商贸易中并不合适,因此跨境电商的贸易方式对国际物流提出了更高的要求,使得国际物流开始呈现出新的特征,主要有以下几点。

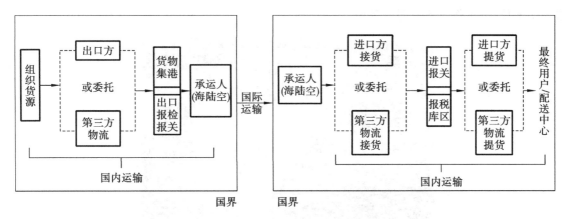

图 7-1 传统国际物流的流程

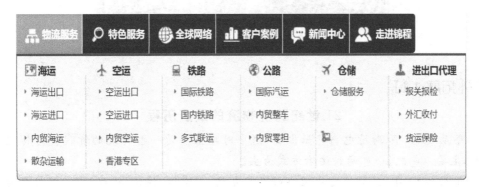

图 7-2 物流服务

（一）物流速度反应快速化

跨境电商对物流配送需求响应的速度要求更高，无论前置时间还是配送间隔，都变得越来越短，与之对应的商品周转时间和配送时间也越来越短。

比如几年前消费者从电商网站购买商品，往往需要很长时间才能收到货，现在随着物流公司快递网络的不断壮大，最快的半天就可以将商品送到消费者的手中。

（二）物流功能的集成化

跨境电商对供应链效率的要求更高，物流与其他环节集成程度更高，包括物流渠道与产品渠道的集成、不同物流渠道之间的集成，物流环节与物流功能的集成等。

（三）物流作业的规范化

跨境电商国际物流强调物流作业流程的标准化，使原先复杂的物流作业流程变成简单的、可考核的物流操作方式。

（四）物流信息的电子化

跨境电商物流强调订单处理、信息处理的系统化和电子化，用 ERP 信息系统功能完成标准化的物流订单处理和物流仓储管理模式。

图 7-3 为 RFID（Radio Frequency Identification，RFID）标签，也是物流信息化的产物，它是一种非接触式的自动识别技术，通过射频信号自动识别目标对象并获取相关数据，识别工作无

须人工干预,可工作于各种恶劣环境。

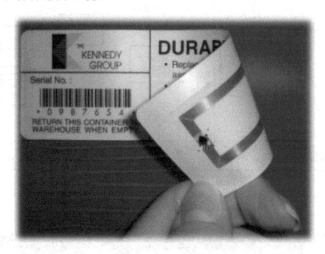

图 7-3 RFID 标签

【课外拓展 7-1】

21 世纪跨境物流的发展历程

2003 年至 2008 年,跨境电商开始出现,这个时期主要是一些传统的货代公司转型为跨境物流企业,主要以邮政、小包两种运输方式为主。

2009 年至 2013 年,国际货运代理公司百花齐放,以空运、铁运、专线运输、海外仓为主的运输方式快速兴起,为跨境电商发展提供了更多的可能。

2014 年至今,物流的时效获得大的提升,电商平台、平台商家、海外华人也都纷纷加入这个行业,发货、虚拟海外仓、FBA 服务、退货维修等物流方式和服务方式日渐成熟。

第二节 跨境物流的模式及分析

根据贸易方向的差异,跨境物流分为进口和出口两个方向。进口方向跨境物流主要分为保税仓模式和邮路模式;出口方向跨境物流主要分为海外专线、海外仓和邮路模式。

一、进口跨境物流的模式及分析

(一)保税仓

保税模式指的是保税备货模式,跨境电商企业先进行集中采购,然后将采购的商品从境外调配到国内的保税仓库。

1. 保税仓物流模式的过程

跨境电商企业向海外供应商批量采购,并委托第三方物流企业进行清关和运输,到达国内保税仓库(见图 7-4);客户下单后,跨境电商企业向中国海关进行申报,申报结束后,委托国内快递企业向客户进行货物的运输。

图7-4 保税仓库

2. 保税仓物流模式的特点

（1）速度快。客户下单后，由国内保税仓发货，而不是海外供应商发货。

（2）费用低。第一环节企业采用集中采购模式，能够实现规模效应。

（3）存在库存风险。第一环节为提前备货，需要进行需求预测，存在预测不准的可能性。

（二）邮路

邮路模式是指将消费者购买的商品通过商业快递和邮政两种渠道派送至国内的国际物流模式。

邮政途径的物流模式主要是通过"国际小包"实现。目前常见的国际小包服务渠道有中国邮政小包、新加坡邮政小包、中国香港邮政小包、荷兰邮政小包等。整体来看，采用邮政渠道寄送商品，借用了"万国邮政联盟"的庞大网络，具有寄送费用低、寄送方式简便、寄送范围广等特征。相对于其他运输方式（如快递），国际小包价格是最便宜的。因此，为了获取价格竞争力，采用国际小包的企业较多。

中国邮政的Logo如图7-5所示。

图7-5 中国邮政的Logo

中国邮政服务特色：

（1）顺畅的通关能力，有效地提高了发货时限。

(2) 更合理的资费。

(3) 提供仓储、理货、拣货、寄递全程服务。

(4) 快捷多样的运输方式,每周共计551架次签约航班、351班签约货轮。

国际四大快递公司为联邦快递(Federal Express,FedEx)、美国联合包裹运输公司(United Parcel Service,UPS)、敦豪速递公司(Adrian Dalsey,Larry Hillblom,Robert Lynn,DHL)、天地速运(Thomas National Transport,TNT),Logo如图7-6所示。除了国际四大快递公司,国际商业快递公司还有全球邮政特快专递(Express Mail Service,EMS)、顺丰国际速递等。

图7-6　国际四大快递公司Logo

二、出口跨境物流的模式及分析

(一) 海外专线

一般来说,一个物流公司的专线快递业务往往专注于一个或者几个国家,物流公司主要承担的工作职责是在国内将货物进行集约,再从国内向目的地国进行货物运输,然后将自身的运输和目的地国家的国内运输进行有效对接,从而通过集约效应实现低费用,保时效。国内较为有名的专线快递公司有递四方速递、三态速递等。

(二) 海外仓

海外仓指的是在跨境电商买家所在国内建设存储仓库,利用跨境电商销售平台的大数据,分析未来一段时间可能的销售量,然后将所售货物先用普通国际贸易的海运或空运运至存储仓库,待到客户下单后直接从本国存储仓库寄送至买家手中。

海外仓的建设既满足当前跨境电商出口的必需,又代表了中国跨境电商企业走向海外的潮流,是中国经济升级扩张的经典案例。

(三) 邮路

出口业务的邮路模式与进口业务的邮路模式相对应。邮路主要有邮政路径和国际快递路径。

【课外拓展7-2】

海外仓物流模式运用情况

设立海外仓能够给商家带来许多益处,除了能够克服跨境电商贸易中物流方面的各项痛点之外,还能够扩大运输品类,并有助于提升商家的品牌效应。

现阶段海外仓物流模式仅北美、西欧以及澳洲地区运作相对成熟,在俄罗斯和巴西这两大新兴市场,海外仓的运作仍然处在起步阶段,发展情况相对复杂。

需要注意的是,海外仓的运作具有一定的法律风险。从海外仓给当地消费者配送商品是一种商业行为,必须向海外仓所在地依法缴纳各种税收。这个问题已经引起了欧美国家的重视,法律事务上也已经有过相关的警示案例。比如英国政府修订的法律明确规定,非英国注册商业机构从2012年12月1日起,在英国销售的货物都需要注册税号并缴纳销售税金。根据法律规定,在英国建立海外仓的中国商家,必须注册税号并定期进行税务申报,否则会受到英国税务局的处罚。目前已有许多国内的电商企业在英国设立的海外仓被查封货物、冻结相关eBay账号等。英国大多数商品和服务的标准税率为20%,这无疑大大增加了海外仓的使用成本。另外,海外仓的运作如果需要雇佣当地人,则企业制定的有关劳动标准还需要符合当地劳工组织的要求。

由此可见,在欧美国家,法律对税收、用工和环保等都有严格的要求。在运作海外仓时,一定要注意防范法律方面的风险。因此,国内电商企业在建立海外仓时,需要根据自身产品的需求,结合销售区域实际情况,并综合考虑海外仓使用成本及其中可能存在的法律风险,以做出最适合的选择。

第三节 实 训

下面将从实训的角度讲解跨境物流,以Shopee平台为例,从平台的物流操作流程、物流渠道等角度展开。

在本节内容中,需要了解Shopee平台的物流形式,在此基础上,掌握一般发货流程,充分认识物流环节在电商交易中的重要性。

一、Shopee平台物流操作流程

(一) 发货

跨境电商平台Shopee在中国台湾站点统一使用圆通作为指定物流服务商,并提供宅配与店配两种服务。

宅配是指将包裹送至商家指定的家庭住址,类似于淘宝上提供的便利店代收包裹服务。一般宅配在中国台湾的最终派送服务商为中国台湾"黑猫宅急便"。

店配是指将包裹送至商家指定的7-11门店,由"数网"派送。

具体店配流程如图7-7所示。

7-11店配渠道开通之后,Shopee又开通了全家便利店物流这个新渠道,实现了台湾市场的全覆盖。更加多元的物流渠道使跨境订单量迅猛上涨,全家便利店物流渠道一经开通,跨境日单量的提升率就超过了10%。

中国台湾便利店的密度全球排名第一。由于便利店覆盖面广、24小时营业且靠近居民区,

图 7-7 具体店配流程

70%以上的居民到达最近的连锁便利店所需时间不到 10 分钟,这些特点给消费者取货创造了极为便利的条件。据统计,中国台湾有超过 10000 家便利店,其中 7-11 店的数量最多,其次是全家便利店的数量。这两大便利店相继开通物流渠道,使得 Shopee 用户无论在哪里都不用担心取货的问题。

包裹的材积规范如图 7-8 所示。

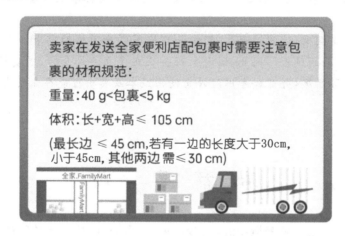

图 7-8 包裹的材积规范

(二)运费详解

1. 商家

商家将货物先寄送到圆通深圳国际仓,此段费用商家自理。

此段可接受的物流供应商为:圆通(推荐)、顺丰、汇通、邮政、天天、快捷。如果商家满足以下条件,Shopee 可以提供免费揽收服务:

(1) 商家上月日均出货单量(ADO):华南商家 ADO≥200 单或华东商家 ADO≥100 单。

(2) 商家预售商品比例≤10%。

(3) 商家上月平均出货到仓时效(APT)≤2.5 天。

SLS(Shopee Logistics Service,SLS)是 Shopee 平台的自建物流。

SLS 上门收货在中国的部分覆盖地区见表 7-1。

表 7-1 SLS 上门收货在中国的部分覆盖地区

分区	城市	覆盖区县	揽收时间
深莞地区	深圳	宝安、南山、福田、罗湖、龙岗、龙华、坪山、光明新区	周一至周日
	东莞	凤岗镇、塘厦镇、寮步镇、企石镇、清溪镇	

续表

分区	城市	覆盖区县	揽收时间
广州地区	广州	越秀区,海珠区,荔湾区以及天河区的环城高速以内;白云区的沙太北,华南快速路以内;番禺东新高速路,广澳高速路,环城高速路,亚运大道以内	周一至周日
上海及义乌地区	上海及周边	上海、宁波、苏州、昆山,市区外偏远地区需核实地址	周一至周日
	义乌	义乌市、金华市、浦江县	
杭州地区	杭州	主城区绕城高速路以内,富阳区,临安区,绍兴柯桥区,绍兴越城区	周一至周六
福建地区	泉州	丰泽区东海大街;晋江市池店镇;陈埭镇;凤池路,鞋都路;刺桐大桥	周一至周六
	福州	闽侯县上街镇,仓山区金山大道、鼓楼区西湖花园、台江区君临天华,国货西路,南国大厦,龙津花园,上三路,淮安新村,农林大学	
	莆田	城厢区、荔城区	
	厦门	集美区部分、湖里区部分、思明区部分	

2. 深圳圆通

圆通在深圳仓库会将货物重新打包,发往台湾。

SLS物流时效与卖家参考费率(NTD新台币)见表7-2。

商家承担的运费(NTD)＝本地运费＋跨境运费(首重＋续重)－商家设置运费(0 或 55)

表 7-2 SLS物流时效与卖家参考费率(NTD新台策)

货物类型	物流类型	费率				时效
		首重/kg	首重价格	续重单位/kg	每续重单位价格	
普货	宅配	0.5	85	0.5	30	4~8天
	店配		75		30	
特货	宅配		105		40	
	店配		95		40	

以上费用仅包含运输及清关服务费,不含关税。

3. 中国台湾地区寄件限制

Shopee台湾地区的跨境物流主要使用Shopee自有渠道SLS,并提供宅配与店配两种服务。宅配在台湾地区的最终派送由黑猫宅急便完成,店配则派送至指定的7-11便利店或全家便利店等待买家提货,两种配送方式有着不同的寄件限制,具体情况见表7-3。

表 7-3 台湾地区寄件尺寸、重量限制

物流类型	最大重量/kg	尺寸限制	备注
SLS宅配	20	三边合计<150 cm	

续表

物流类型	最大重量/kg	尺寸限制	备注
SLS 店配	5	45 cm×30 cm×30 cm	最长边≤45 cm；若有一边长度大于30 cm，小于45 cm，其他两边则需≤30 cm

（三）货到付款服务

Shopee 中国台湾地区支持货到付款（COD）和非货到付款（Non-COD）两种支付方式。非货到付款包裹要求买家下单时，在线上完成货款和运费的支付。可以使用信用卡、银行转账等方式；货到付款包裹则通过 7-11 便利店向收件人收取货款和运费，买家下单后无须做任何线上支付动作。

需要注意的是，每批进口货物都需要报关。例如，要进口一批机器，货运公司可以在中国台湾清关，并将货物进口到中国，这可以显示公司的实力。这实现了双清算业务。一般来说，双清算是一种一站式服务，包括出口、进口和税收。

双清关模式如图 7-9 所示。

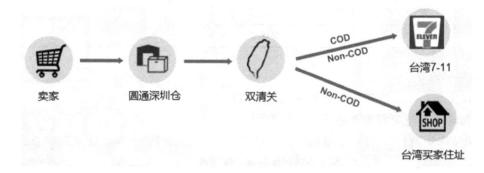

图 7-9 双清关模式

（四）物流渠道设置方法

（1）在商家中心，点击"我的商店"，随后进入物流中心。
（2）选择物流渠道（可以根据条件设置默认物流渠道）。
（3）可以设置首选的物流渠道。

物流渠道设置如图 7-10 所示。

（五）物流渠道特殊限制及规定

Shopee 平台台湾站点物流渠道的使用需要注意以下特殊限制：寄往台湾的物品依据清关要求不同，分为普货与特货渠道。

特货渠道可以接受的物品有眼镜、喇叭、手表、通信设备、带电类产品、手机（每票最多只能有 2 部）、化妆品类、保健品、茶叶以及液体、粉末类物品。注意以下特货目前无法发出：纯锂电池、充电宝、指甲油、香水、发胶等挥发性较大的产品，以及不可拆卸电池的麦克风、蓝牙音箱/音响、平衡车（如果电池可拆卸，发货前务必拆卸电池后发出）。

台湾地区法律明令禁止以下商品的寄送，具体见表 7-4。

图 7-10 物流渠道设置

表 7-4 台湾地区禁止寄送的商品

序号	商品
a	生鲜类和未经加工肉类及肉制品食品、有治疗功能或药用价值的食品
b	药品、保健品、按摩枪/经络枪/除虫用品、防蚊手环
c	香烟、电子烟及电子烟配件、货币、票据、股票等贵重有价证券
d	易燃易爆物品、发胶、香水等纯液体产品
e	与武器有关的物品及有攻击性的物品
f	手机、平板及笔记本电脑、电动平衡车等电池不可拆卸的产品、充电宝、移动电源等纯电类产品
g	蓝牙产品、智能穿戴设备、无线通信产品
h	儿童座椅、汽车安全座椅、手推车、强磁产品
i	受华盛顿公约所限制或需要动植物检疫证明的动植物产品
j	在运输途中意外开启并导致发光、发热,以及发出声响的带电产品
k	侵权及无品牌授权的产品

(六) 包装以及寄件要求

台湾地区寄件尺寸、重量限制见表 7-5。

表 7-5 台湾地区寄件尺寸、重量限制

物流类型	最大重量/kg	尺寸限制	备注
SLS 宅配	20	三边合计<150 cm	
SLS 店配	5	45 cm×30 cm×30 cm	最长边≤45 cm;若有一边长度大于 30 cm,小于 45 cm,其他两边则需≤30 cm

包裹的包装需要满足以下要求:
(1) 商品必须有外包装,不可裸露,不可为透明包装,且需上下平整并有明确可辨识的面单条码。
(2) 封口处需粘紧,如因包装封口未粘紧而导致商品漏出,为确保商品安全及权责,避免后续争议,此类包裹会作为异常件退回。

(3) 商品封口处,如未粘紧造成商品脱落遗失或损坏,由商家自行负责。

(4) 易碎物品(含玻璃制品或其他易碎物品,粉末类物品等)不可以运输,非易碎但相类似的商品,商家应特别注意并自行加强包装(如在装箱及包装时外加具有适当保护的包装材料,并于包装外贴上"易碎"标签警示,若商家交寄违禁品致运送过程中内容物破损,由商家自行负责。

(七) 物流费用结算

已在平台开户的商家将直接与平台进行 SLS 物流费用的统一结算。目前 Shopee 平台会对所有订单(包括正常送达、拒收、买家申请退款退货的订单)按照实际运费对商家进行收费,在交易完成后,由 Shopee 统一扣除运费及其他相关费用之后再支付给商家。

【课外拓展 7-3】

客户投诉异常件处理见表 7-6。

表 7-6 客户投诉异常件处理

投诉类型	运输方式	专家需提供举证材料	专家举证时效	仓库回复时效
包裹寄出后丢失	快递	1. 快递盖章签收底单 2. 产品内外包装图片 3. 当天发货所有 SLS 单号 4. 账户注册名称	1. 快递寄出 20 天内 2. 提交投诉起 2 个工作日内提供举证材料	3 个工作日
	自揽自送	1. 提供揽收/交接时间 2. 大包数量 3. 包裹揽收时监控视频(自送无须提供) 4. 当天发货所有 SLS 单号 5. 账户注册名称	1. 揽收/交接 20 天内 2. 提交投诉起 2 个工作日内提供举证材料	
重量异议	—	1. 卖家提供 SLS 单号及订单实物称重 2. 买家提供实物照片		
多票当一票发出		提供国内快递单号(含当天发货所有 SLS 单号)		
取消件正常发出		提供 SLS 单号	1. 货物寄出 20 天内 2. 提交投诉起 2 个工作日内提供举证材料	
取消、重复、违禁品 B 类、异常件销毁或丢件				
换标面单贴错		联系买家提供当前包裹的尾程单号及 SLS 清晰单号图片		
无头件、未知物流丢件		1. 提供国内快递单号 2. 对应未知物流单号 3. 实物照片		

二、Shopee 平台物流渠道

（一）Shopee 平台物流渠道介绍

1. SLS

SLS 具有时效更快、价格更低的特点，新加坡、印度尼西亚、菲律宾、泰国、马来西亚推荐使用 SLS 物流渠道。

平台提供的 SLS 服务并不包含货物返程的物流服务。其中，返程物流是指商家的货物到达目的地国家/地区后，无论因何种原因货物返回/送达始发地国家/地区的过程。

1）SLS 面单规范

（1）标签大小：10 cm×10 cm。

（2）SLS 单号和条码清晰且唯一。

（3）包含目的地国家/地区代码。

（4）SLS 渠道准确且唯一。

（5）P/T 货标识准确。

（6）SLS 标签条码要求：①条码要清晰且不能太小；②条码部分不能折叠或覆盖。

SLS 面单规范如图 7-11 所示。

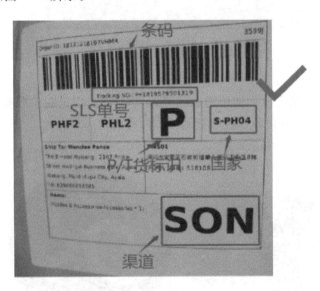

图 7-11　SLS 面单规范

2）SLS 包装规范

（1）包装完好，不能有破损。

（2）不能使用透明袋包装。

（3）包装胶带不能盖住 SLS 标签。

（4）尖锐物件需用坚固纸箱包装。

（5）每个 SLS 包裹均必须是独立包裹，不能将多个 SLS 包裹缠绕在一起。

SLS 包装规范（一）如图 7-12 所示，SLS 包装规范（二）如图 7-13 所示。

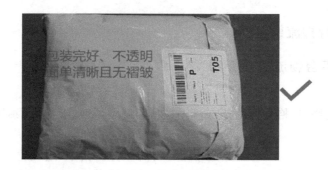

图 7-12　SLS 包装规范(一)

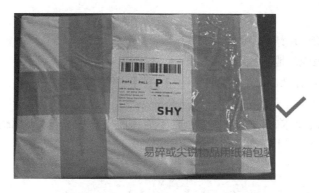

图 7-13　SLS 包装规范(二)

2. 圆通

Shopee 平台在台湾站点统一使用圆通(下称 YTO)作为指定物流服务供应商,并提供宅配与店配两种服务。支持货到付款以及非货到付款两种支付方式。

YTO 标志如图 7-14 所示。

图 7-14　YTO 标志

3. LWE

马来西亚指定物流供应商(Logistics Worldwide Express,LWE)是 Shopee 在马来西亚最大的物流供应商。

LWE 标志如图 7-15 所示。

Shopee 各站点物流概况见表 7-7。

图 7-15 LWE 标志

表 7-7 Shopee 各站点物流概况

站点	使用物流	是否开通货到付款(COD)	备注
中国台湾	SLS	Y	中国台湾站点有宅配和店配方式，宅配尾程由黑猫宅急便完成；若首次宅配失败，均会进行第二次免费配送；店配由买家至 7-11 和全家便利店提货
印度尼西亚	SLS-Standar Ekspres	Y	
新加坡		N	
马来西亚	SLS	N	
泰国	SLS	Y	
菲律宾	SLS	Y	
越南	SLS	Y	
巴西	SLS	N	

（二）各物流渠道的订单发货时效

1. 商家必须在设定的备货时间（days to ship，DTS）内发货

圆通、SLS 发货依据：采用圆通、SLS 发货的货物状态从"待出货"变成"运送中"的条件是，商家将货物寄送到深圳仓库，货物被扫描入库。如果超出 DTS+3 天，货物未被扫描入库，则订单仍旧处于"待出货"状态，即会被认定为延迟发货。

2. 商家长时间不发货则订单会被取消

若商家在 DTS+7 天依旧没有发货，系统会自动取消该订单。

（三）包裹打包的常规操作流程

（1）打包前的检查工作：检查打包带的长度是否适合箱子的长度，可根据箱子的实际大小做相应的调整。

（2）产品装箱。

（3）封箱操作：使用透明胶带进行封箱，要求封箱口无缝隙，且沿着胶带的中间位置进行封箱，封箱胶带长度要超出封箱口 60 cm 进行封箱，并用手压紧胶带。

（4）打包：注意检查打包是否牢固。

【课外拓展 7-4】

Shopee 平台退款与退货政策

1. 退款条件

顾客只有在下列情况下才能依据平台有关规定申请退款:

(1) 未收到商品。

(2) 商品有瑕疵及/或在运送过程中受损。

(3) 商家寄送不符合约定的商品给顾客。

(4) 顾客收到的商品与描述不符。

(5) 顾客申请退款须经由虾皮平台处理。

虾皮将审核顾客的退款申请,并根据平台规则及相关服务条款,考虑是否通过顾客的申请。

2. 商家权利

当虾皮收到顾客的退货及/或退款申请时,将以书面形式通知商家。商家应按照要求的步骤予以答复。商家应在书面通知所限定的时间范围内进行答复。如果商家未按规定给出答复,则虾皮有权推定商家对顾客的申请无答复,并将继续评估顾客的申请,而不另行通知商家。

虾皮审核商家的答复,并在考虑商家所述的状况之后,单方全权决定是否通过顾客的申请。

3. 退货条件

顾客退回给商家的商品必须保持顾客收货时的状态,包括但不限于任何附随于商品送达的物品如配件、保证书、原厂包装、文件等,若顾客没有对商品进行必要检查,导致商品或包装发生耗损,将会影响买家退货的权益。因此建议顾客在收到货品时拍摄一张商品照片。

4. 商品退货运输费责任

(1) 对由于商家原因导致的退货申请,商家将承担买家退货所产生的运输费。

(2) 由于买家改变主意,不想要购买的货物,买家应在征得商家同意的前提下退货,此时买家承担退货运费。

(3) 当顾客与商家对运费的承担出现异议时,虾皮有权在经过审慎考虑之后决定由哪一方来承担退货的运费。

5. 退回商品的退款

顾客必须等到商家或虾皮确认已收到退回商品后才能获得退款。如果虾皮未在规定时间内收到商家的消息,则虾皮无须通知商家,即可决定是否要将退款退还给顾客。退款将退至顾客下单付款时指定的账户。

6. 顾客与商家之间的沟通

虾皮鼓励顾客和商家通过协商解决问题。

本章小结

本章将传统国际物流与跨境电商物流进行对比,旨在让读者理解在跨境电商环境下物流发生的转变。本章第二节重点介绍了在跨境电商中进口和出口两个方向的物流模式,使读者对进出口方向的物流模式有了大致的了解,理解各物流模式的特点;第三节围绕 Shopee 平台中国台湾站点,将跨境电商物流的理论与 Shopee 平台的物流操作规则进行结合,让读者能够大致了解 Shopee 平台的物流模式,进行简单的物流操作。

> 复习思考

1. 请参考上面海外仓物流模式的运用特点,尝试总结保税仓物流模式在运用中有哪些局限性。(可以从保税仓物流模式的特点来作为切入点进行分析)

2. 在跨境电商贸易过程中,商家往往会遇到一些问题:

(1) 未预缴税款:

部分商家倾向于未完税交货,原因是下单时的送货成本会更低。然而,这并不意味着不用缴纳税收,商家需要告知买家:货物进关的关税将由买家支付。但是,多数的买家实际上并不知道还需要支付关税,当他们接到海关要求付款的电话时,可能会对商家的声誉产生负面影响。因此,为了给买家更好的购物体验,建议跨境贸易的商家提前为买家预付关税。

(2) 货物卡在海关:

货物在海关滞留的原因有很多,严重程度各不相同,为了摆脱海关对货物的限制,建议查看以下信息:

①直接与快递公司联系。快递公司往往有更多经验,能帮你查看货物的问题所在,通过经验为你提供解决方案。

②查明是否有未缴税款。如有未缴税款,请尽快安排付款。

③确保没有遗漏或错误的文件。

(3) 处理国际退货:

国际退货不同于国内退货,在时间和费用上花费的成本大大高于国内退货。

阅读以上材料,试着思考,作为一个商家,可以采取哪些措施降低以上风险?

答案与提示:

1. (1) 货物必须是在正面清单上的产品;

(2) 产品必须有明显的规格型号;

(3) 资金占比量非常大,滞销风险高,不利于跨境电商的运转;

(4) 入住要求及流程烦琐,需要三单对碰,无法快速发货,不能满足客户的需求;

(5) 只有单一的直邮进口渠道,单一清关,每一票必须要交税;

(6) 保税仓有相关规定,退货不便。

2. 可从物流配送方式、仓储问题、快递公司等方面进行分析、思考。

第八章
跨境电商客服管理

KUAJINGDIANSHANG YUNYINGSHIWU

更多学习资料请扫二维码

本章概要

客服,顾名思义就是商家给买家提供各项服务的工作人员的统称。在跨境电商贸易中,客服是不可或缺的角色,客服在工作中的每一个环节都要从公司利益和服务客户最优化这两个方面去权衡。换句话来说,客服是离客户最近的人,如何服务好客户,促进订单的转化率,是客服的职责所在。相比于传统电商,跨境电商对客服工作人员的要求更高,客服人员如何更高效地工作,以及如何提升客户体验度是本项目的主要内容。

学习目标

1. 学习了解网上询盘回复的主要工作内容;
2. 学习掌握有关的询盘回复技巧;
3. 学习掌握售后管理中的差评管理和退换货管理;
4. 掌握 Shopee 平台商品咨询回复;
5. 掌握 Shopee 平台差评的处理。

第一节 网上询盘回复

询盘又称询价,是指买方或卖方为了购买或销售某项商品,向对方询问有关交易条件的表示。在国际贸易的实际业务中,一般多由买方主动向卖方发出询盘。可以询问价格,也可询问其他一项或几项交易条件以引起对方发盘,目的是试探对方交易的诚意和了解其对交易条件的意见。

一、询盘回复工作内容

询盘的内容可以咨询商品价格、商品行情等,也可询问其他交易条件从而引起对方发盘,这样做的目的是了解对方对交易条件的意见。跨境贸易过程中,并不是每笔交易都要经历询盘这个步骤,比如说当交易双方彼此都了解情况时,则可跳过询盘步骤,直接向对方发盘。

一般来说,在跨境电商贸易往来中,询盘多采用书面形式,不同平台的询盘工具有所不同,例如亚马逊平台主要以电子邮件等形式为主。除此之外,有些跨境电商平台买家还可通过聊天工具、传真、电话等进行询盘。商家收到询盘之后,应及时予以回复,以促成订单的达成。

国内贸易询盘回复工作一般由商家的客服负责。客服工作一般划分为售前、售中和售后三个阶段。售前客服主要为客户解答关于产品信息、运费、运输等方面的问题,促使客户尽快下单;售中客服服务是指顾客在对商品有一定了解之后,在商品下单及付款过程中由商家直接或间接为买家提供的各项服务,包括订单指导与修改、催付款、订单确认等;售后客户服务是商品出售之后商家所提供的各项服务,包括退换货、评价等。询盘回复工作主要涵盖的内容与售前客服和售中客服的主要工作有类似之处,下面针对不同类型的询盘进行具体介绍。

(一)需要优先处理的询盘

(1)询盘邮件格式正确,内容完整,并且留有联系方式。

(2)明确告知所需的产品,并要求报价。询问内容涉及全面,一般会包含数量、规格、包装、产地、质量标准等。

(3)简单介绍询盘方公司背景——这也表明了询盘方达成交易的诚意。

对买家的分析:

发出这类询盘的买家,一般来说具有非常明确且强烈的采购意向,询盘方对产品和行业有较深的了解,并且对价格较为敏感,同时也注重产品的品质。所以,客服在针对这类客户进行回盘时必须体现出专业性以及对产品的深刻了解。

回复要点:

(1)通过多种渠道了解买家的信息,比如使用互联网进行搜索,登录对方的官方网站,明确买家的规模、性质和经营范围等。

(2)直接报实价,通常来说一个询盘不会只发给一个供应商,当前电子商务便捷透明的特点使得买方货比三家成为常态。对同一商品,在品质没有明显区别的前提下,回盘价格偏高,就可能会失去潜在客户。

(3)务必逐项回复询盘提及的内容。

(4)在必要情况下,可将询盘未提及的内容体现出来,务必涵盖更全面的商品信息。

(5)假如买家对多种型号商品进行询价,应有针对性地进行报价,让买家能够以最省心的方式进行选择,感受到卖家的服务品质。

(6)使用专业术语进行回盘,这主要体现在商品的相关参数和贸易细节之中,可以让买家放心交易。

(7)回盘应迅速及时。在跨境贸易瞬息万变的情况下,没有及时进行回盘可能会错失当前的交易机会。

(8)回盘所用语句尽量委婉,并恳请客户不管报价可否接受,都能予以回复,表明愿意继续改进和提高的想法。

(二)可能成为潜在买家的询盘

(1)告知对何种产品感兴趣,并要求报价。

(2)除此之外没有其他信息。

这类买家一般处于观望阶段,不具备迫切采购的需求,并且也不是非常专业的买家。不要就此忽视这类询盘,因为对于这类买家而言,当确定了需求之后,是有可能转化为客户的,这时就需要网店客服人员的妥善引导。

对买家的分析:

当客户还在明确需要何种产品时,一般是处于对市场进行了解和探求的阶段。这类买家需要客服人员的引导,而不是等候其告知需求。同时,这也在考验网店客服的响应速度,越早发出得到对方满意的回盘,则越有可能抢占市场先机。

回复要点:

(1)不要因为买家没有在询盘中对有关具体要素进行明确,客服人员便只给出一个价格,专业而全面的报价单无论如何都是一个加分项。

(2) 善于采用梯度报价的方式,客服可以根据情况(比如采购数量等)分别设置价格,并指导买家进行决策。

(3) 主推一种或两种满足客户需求的产品,给出报价,并告知买家如有进一步需求的话可以为其做更为详细和深入的介绍,从而争取第二次联系的机会。

(4) 买家不论有任何需求,都能予以答复。

(5) 当然,客服人员也经常会遇到回盘后久久得不到答复的情况。这时,不应急躁催促买家做决定,应该给买家留出时间来选择。若一直等不到答复,可在回盘后的两周时间内询问客户情况,借此表达对客户的重视。

(三) 经销商发来的询盘

一般来自经销商的询盘,都会直接告知客服需要商家所售商品的报价单。这类买家与前文所述的可能成为潜在的买家有些类似,但在采购的方向上一般会更为模糊。对这类买家来说,采购什么商品取决于其客户的需要,因此网店客服应对其进行专业的介绍和引导。

对买家的分析:

需要得到这类买家的信任,经销商会将产品推荐给自己的客户。由于对方并不是专业的买家,因此客服需要更加仔细地进行产品的介绍。

回复要点:

(1) 在初次联系时,客服应该详细介绍公司的相关情况,让对方知悉可以提供的产品和服务。

(2) 选择优势产品进行推荐,争取有部分特质能够一击即中,如交货期最短、价格最优、质量最好等,对其进行详细介绍,方便经销商将产品直接推荐给自己的客户。

(3) 表达如有需求,可以提供更优质的服务,例如给买家寄送样品,争取第二次联系机会。

(4) 这类询盘一般会比可能成为潜在的买家的询盘需要等待的时间更久,再次联系时不必直接询问上回报价的情况,因为有可能这个阶段对方也在等待客户的决定,所以客服人员只需告知对方如有进一步的消息或者其他的需求,会第一时间答复。

(四) 最次级处理的询盘

(1) 发盘索要商品样品或邀请函、投资信息等。

(2) 不涉及产品和公司情况。

这类询盘并不能排除骗邀请函和样品的情况。

对买家的分析:

发送这类询盘的客户有较大可能并不是真正的买家。客服可以先进行尝试性回盘,如果发现对方对产品根本不感兴趣,而只要邀请函或样品,则不必浪费时间在这样的询盘上。

客服人员应该知道对不同国家的客户,回盘关注点不太一样。比如:西方国家注重产品的质量以及相关的认证情况,所以客服在回盘时,应把质量和认证信息作为重点进行介绍;中东和非洲买家更加注重价格,对质量没有严格的要求,客服回盘时应选择最便宜的产品,并突出价格低廉这个优势。并且再次强调及时回复的重要性,否则可能会丢掉那些潜在的订单。

询盘答复示例

买家发盘泛问公司的所有产品:

We are interested in all your products, could you please send us more information and samples about your products and price list?

参考如下模板回复：

Dear Sir/ Madam, Thanks for your inquiry. We are professional supplier for plush toys at competitive price, located in Nanjing City, Jiangsu Province. Here is the attachment with some pictures of our products that may suit your requirements, for more, please check our website, and select the products that you're interested in. We have great interest in developing business with you, should you have any inquiries or comments, we would be glad to talk in details through MSN.

买家发出询盘想要了解公司某款具体产品的报价。此类询盘一般具有较强的目标性，因此真实有效性较高，客服需重点跟进。假如客服针对询盘做出了回盘之后，并未收到买家进一步的联系，建议参考以下邮件做出提醒：

Dear Sir/ Madam, Good morning! For several days no news from you, my friend. Now I am writing for reminding you about our offer for item of ××× dated ××× according to your relative inquiry. Have you got (or checked) the prices or not? It will be our big pleasure if we have opportunities to be on service of you in near future. Looking forward to your prompt response.

二、询盘回复技巧

恰当适宜的询盘回复可以有效提升订单交易的成功率，询盘常用的回复技巧主要有以下几点。

（一）回复及时

（1）第一时间回复：客服应在看到消息时立刻予以答复。

（2）遇到暂时不能回复或不能给出完整回复的，客服人员应尽早告知可以给出答复的具体时间，千万不能置之不理。对暂时不能给予完整回复的问题，应先回答客户那些可回复的部分，另外再告知客户给出其他答复的确切日期。

（二）询盘回复要全面、完整、专业

（1）读完客户的询盘之后，客服人员首先要有一个整体概念，明确客户所在国家和区域的人文特征、客户类型、产品的用途等。

针对不同国家和地区客户的询盘应有不同的答复策略：

欧洲、美国等地区和国家的客户：对质量要求严格，可承受相对高的价格。印度、巴基斯坦等国的客户：对质量要求不高，价格优惠，就可以达成交易，并且每次发盘及后续联系都有可能要求降价。中东地区以及拉美国家的客户：对质量有一定要求，价格也比较挑剔，但可以承受比印度、巴基斯坦等国客户接受的价值略高。

针对客户的类型应有不同的答复策略：

客服人员首先要明确发盘方是一家进出口公司还是批发商或者零售商。不同客户类型适用不同的策略，例如一般而言中间商对价格比较在意，而最终用户则更为看重商品的品质。

针对产品的不同用途应有不同的答复策略：

即便是完全相同的东西,由于其用途不同,价格也不尽相同,例如用来焊接轿车的焊铁价格和用来焊接铁壶的焊铁价格。不同的发盘方能够承受的价格差甚至能够达到几十倍。

(2) 答复客户提出的问题用语应该简洁正确,突出主题。主题应直接开门见山,尽量采用 Quotation about ×××(产品)、Price about ×××(产品)的形式;答复的正文应清晰、简练、逻辑条理明确。

(三)询盘常见问题与对策

回复了买家,但是得不到进一步答复,分析原因:

1. 客户并没有收到邮件

解析:很多国内的商家为了降低成本,仍然在使用免费的数字邮箱,这类邮箱发送出去的邮件有些由于存在安全性方面的问题,经常会被国外客户的邮件系统判定为垃圾邮件而直接删除,这样客户根本就收不到邮件,自然不会给出回复。

解决:商家应该选择那些安全性高的邮件系统,比如国际通用的邮箱如 hotmail.com、gmail.com、yahoo.com 等,不容易被判定为垃圾邮件。另外针对一些大型商家可以使用更为专业的企业邮箱,这类邮箱一般以公司名为后缀,有条件的话一定要找域名服务商为后缀带有公司名的邮箱做域名"双向解析"。这样所发出的邮件一般就不会出现被判定为垃圾邮件。

2. 邮件中有病毒

解析:如果客户收到一封带有病毒的邮件,并被客户的杀毒软件所识别,客户自然就不会继续查收邮件。

解决:安装专业的杀毒软件定时进行病毒查杀,确保所发邮件是不带任何病毒及木马程序。

3. 发送的时间不合适,未考虑到客户看邮件的时间

解析:一般来说及时高效的回复,会赢得客户的赞赏,提高订单成功率。但是需要注意的是,除了亚洲部分国家之外,其他绝大部分国家与中国存在时差。客服人员也许一上班就对收到的询盘进行答复,可是没有考虑到客户一般也只有在上班时间才能查收邮件。这样可能导致最早回复的邮件按照邮箱的排列顺序被沉到了最底层,就有可能出现被其他供应商邮件覆盖的情况。

解决:了解客户所在地区和中国的时差及其上班时间,最好做到在客户上班的时间一到便进行询盘答复。要做到这点,只需要设置邮件定时发送即可。另外还要注意尽量在客户上班的时间进行联系。例如,西欧国家和中国的时差为 6~8 小时,在中国下午 3~4 点的时候正好是西欧国家客户的上班时间,这时和客户进行联系就能取得较好的效果。

4. 客户休息和假期发邮件的密度

解析:客服有必要了解客户所在地的法定节假日或者休息时间。有一些国家的客户在休息的时候或者假期的时候,不会对工作邮件进行答复。所以了解客户的休息和假期的时间也是非常重要的。

发送邮件的密度应恰当。过多的来自同一发送地址的邮件,很有可能被客户认为是骚扰或者垃圾邮箱而将其拉入黑名单。

解决:发送邮件的频率一天尽量不要超过一封,只有在第二天没收到回复之后才可以再追加一封。并且要注意的是每次发送的邮件内容包括主题等不要一样。客服不应该放弃任何一个客户,就算没有收到客户的回复,也应尽可能每个月发送 3~5 封邮件,给客户留下深刻的印象,也许当客户需要该产品之时,便会发盘。

第二节 售后管理

售后管理,顾名思义就是商品出售之后商家围绕所售商品进行的各项管理的统称。跟前面所介绍的询盘回复一样,售后管理同样也是整个交易流程的重点环节,是树立品牌形象、提高顾客满意度的重要手段。

一、差评管理

评价是指对某件事或某个人物进行判断和分析之后所得出的结论。在跨境电商交易过程中,买家给出评价是其进行网络购物的最后一个环节,客观公正的评价有助于提高买家的信誉,为后续的买家给出了良好的购物指导。

一般来说,买家在进行网购时都会浏览商品的有关评价,在其他条件类似的前提下选择整体评价好的商品下单购买,因此买家的评价对网店的经营有很大的影响。当前网店都很重视对评价的管理,一家店铺经过长期经营,不可能所有的评价都是好评,总会出现买家给出差评的情况。学习差评管理的相关内容,可以帮助客服人员做好差评管理工作。

常常有些买家会说:"不能购买没有差评的宝贝,因为其中往往意味着造假"。所以出现差评不可怕,客服不可避免地会面对出现差评的情况,此时针对差评的管理是很关键的。下面学习如何应用一些技巧,来解决跨境电商店铺运营过程中遇到的差评。

(一)首先应该搞清楚差评的来源,这样才能更有针对性地解决问题

1. 平台问题

商家所入驻的平台本身就存在客观问题,例如商品选择界面不易点击、功能设置不人性化、登录卡顿、跳转速度慢、网页刷新慢等。上述问题是由于平台自身因素所导致的,商家只能及时向平台进行反馈,希望平台的更新改进。一般来说,在当前各平台存在激烈竞争的情况下,各个平台都越发重视商户和买家的使用体验,有了问题很快就能解决。

2. 产品问题

商家首先应该检视自己的产品标准和产品质量是否符合投放市场的要求,只有从多种渠道严加控制商品的质量,包括生产、原料采购、商品尺寸及上架管理等,才会减少由于产品问题所导致的差评。

3. 文化问题

中外文化的差异导致国内外买家在消费理念和思维方面具有很大的不同。比如说数字13在西方国家是不吉利的数字。因此商家应对目标市场所在地区的文化有所了解,避免触及对方的文化禁忌。

4. 物流配送问题

这方面导致差评的原因主要是由于配送时间过长,目前国际物流一般有四种:国际专线、国际小包、国际快递和海外仓派送。对有条件的商家,多渠道销售能够充分保证物流正常配送。当然,如果企业实力和规模足够强,设立海外仓就是最佳的选择。

(二)差评应对措施

1. 迅速回复(24~48小时)

商家应重视买家所发布的相关评论并快速给出回应,从而表明商家非常重视顾客的购物体验。另外由于有些平台并不提倡商家多次因差评问题联系买家,所以商家在收到问题之后给出及时有效的回应就显得十分关键。

2. 提供解决方案

根据买家给出的反馈,商家要做出具有针对性的全面的分析。如果确定是因为产品问题造成顾客给差评的情况,商家要给出补救措施。例如,客户购买的产品出现配件遗失的情况,商家要立即补送配件。

3. 态度真诚

收到买家反馈之后,商家要全面考虑,给出礼貌得体能打动对方的回复,不要让顾客觉得这是出于害怕差评而给出的敷衍答复。

4. 对症下药

客服在接到投诉电话之后应迅速判断对方属于哪种类型的买家。在大多数情况下,买家可以分为以下五种类型,针对不同买家应有不同的应对策略。

(1)健谈型:买家上来就会抛出很多问题,给客服留出的反应时间较少,这时客服要以倾听为主,保持礼貌性回应即可,并在适当的时候给出回应。

(2)愤怒型:买家说话态度和语气不友好,客服应先做好安抚工作,绝不能表现出敷衍的态度,以免再次激怒买家,然后给出有效的处理措施。

(3)询问型:买家不确定产品的问题所在,客服要帮助他们找出问题,然后客观地提出解决方案。

(4)多疑型:首先要建立起对方的信任感,沟通中保持礼貌,态度和语气应避免情绪化。

二、退货管理

退货问题一直是零售商的一大痛点,且自电商普及以来,这一过程变得更加复杂,成本更加昂贵。对于跨境电商客服来说,如何处理好买家提出的各种退货需求是一门学问,处理得好能够保住订单和留住顾客,处理不好则不仅会丢失本订单,且有可能给店铺的声誉造成不利的影响。本任务将从退换货规则及退换货流程处理两块内容进行讲解。

(一)退货规则简介

不同的网购平台一般都会有不同的退货规则,同一个购物平台不同的店铺通常也会设置自己的退货规则。国内的购物网站常见的一些宣传话语,比如"七天无理由退换货""一个月内商品出现质量问题,可申请退换货"等都属于退换货规则。在跨境电商中,由于国际物流费用相对昂贵,进出关时间较长,不同国家的政策也大有区别,因此一般较少有换货流程,主要还是以退货退款为主,且相关规则也跟国内网购规则有所不同。

以菲律宾Shopee平台为例:由于买家选择退货退款的包裹(包括COD和非COD包裹),订单金额在1000 PHP以上的,将为商家提供退货服务,但需要商家支付8 USD每包裹的退货运费;由于买家未取而退回的非COD包裹,订单金额在1000 PHP以上的,将为商家提供退货服务,但需要商家支付8 USD每包裹的退货运费;由于买家未取而退回的COD包裹,根据订单金额有不同的处理方式,具体请参考表 8-1 和表 8-2 中的规则。

表 8-1 非 COD 包裹退货规则

退件类型	订单金额	处理方式
退货退款	<1000 PHP	暂无退回服务,由 Shopee 平台处理
	≥1000 PHP	退回需要商家支付 8 USD 退货运费
买家未取	<1000 PHP	暂无退回服务,由 Shopee 平台处理
	≥1000 PHP	退回需要商家支付 8 USD 退货运费

表 8-2 COD 包裹退货规则

退件类型	订单金额		处理方式
退货退款	<1000 PHP		暂无退回服务,由 Shopee 平台处理
	≥1000 PHP		退回需要商家支付 8 USD 退货运费
买家未取	订单包裹价值<750 PHP		由 Shopee 平台处理
	750 PHP≤订单包裹价值<3000 PHP		免费退回至卖家
	订单包裹价值≥3000 PHP	所有商品价值<750 PHP	免费退回至卖家
		至少 1 件商品价值≥750 PHP	价值≥750 PHP 的商品将会在新的店铺中二次销售
			价值<750 PHP 的商品将由 Shopee 平台处理

(二) 退货流程处理

在跨境电商贸易过程中,当面对买家提出的退货请求时,商家通常有下面四个选项:

(1) 接受退货。商家在物品退回后将退款给买家。或者接受退货并换货,只有在交易规则里面设置了明确的退换货政策,并且买家愿意接受换货时,商家才可以使用该选项。

(2) 全额退款,买家保留物品。

(3) 部分退款,买家保留物品。

(4) 拒绝退货,并通过请求流程向买家发送留言。

对于大多数平台来说,只有当退货的原因是由于买家本想要所购商品,并超过退货期限,商家才能选择拒绝退货。

下面以 Shopee 平台为例,介绍跨境电商中的退换货流程。

1. 流程介绍

(1) 买家在点击"确认收货"前都可在 Shopee 平台就以下情况提出退款退货请求:

①买家没有收到货物。

②买家收到错误的产品(包括尺码、颜色、品类等)。

③买家收到损坏或有瑕疵的产品。

(2) 买家发起申请后,该订单会进入【Return/Refund】,商家也会收到提醒邮件,此时可点击【Respond】按钮,进入详情页查看买家的申请理由(见图 8-1)。

(3) 商家可以点击【Refund】给买家退款,也可以选择【Submit Dispute to Shopee】向 Shopee 提出争议,由 Shopee 介入处理。

注意:客服人员需在指定时间完成【Respond】操作,否则到期系统会自动将退款打给买家。

图 8-1　Return/Refund 处理界面

客服可以在 Shopee 的"Return/Refund"处理界面跟踪退货请求。

建议商家使用平台自带的留言系统跟买家进行沟通,这样做的好处是可以保留沟通记录,方便后续相关事项的处理。同时也应将留言中商家提供给买家的信息更新到请求中,如商品的跟踪信息等。

如果商家"接受退货",接下来应该按以下方式进行操作?

(1)假如退货原因不是"物品与描述不符",那么退货将根据商家制定的政策进行操作。

(2)假如退货原因与"物品与描述不符"相关,那么商家将与买家协商沟通退货运送的细节。客服可以和买家商议如何将商品退还(通过何种邮件、选择哪家快递公司等)。

2．由谁承担退货运费

由谁承担退货运费要视具体情况而定。如果退货原因是商品本身的问题,比如"物品与描述不符",那么将由商家承担退货运费。如果退货原因是买家主观原因,比如不想要所购商品,那么将由买家承担运费。

第三节　实　　训

买家在 Shopee 平台上购物的过程中难免会遇到各种各样的问题,商家需要针对各类问题进行针对性的回复,以下是以 Shopee 平台为例,实训 Shopee 平台商品咨询回复和评价的处理。

一、模拟 Shopee 平台商品咨询回复

在 Shopee 平台上,客服可以与商家通过聊聊沟通,针对不同地区的客户应该采用适合当地的沟通策略。例如对中国台湾地区的客户,由于当地使用繁体字,因此客服应尽可能使用繁体字进行沟通。商家可在后台"我的卖场"—"聊聊设置"中设置自动回复,推送店铺活动消息等相

关信息。

商家需要特别留意的是,Shopee 平台会根据聊天及时回复率和回复速度来对商家进行评分,所以商家要对此予以关注。在跨境电商平台上,针对主流的英语国家的客户,在进行询盘回复时更要注意用语的准确性,对各种询盘下面举例进行说明。

(一) 在没有收到询盘时,可以主动发信推广自己的产品

例如图 8-2 所示,主动告知对方你的信息源,介绍自己的产品和优势,并向对方进行推介,表达合作的意愿。

```
Dear Sirs ,
    We learned from your store on Alibaba . com that you are in the market for arts and crafts .
    We are ABC company, specialized in the export of arts and crafts. We attach a list of products we are regularly
exporting , you can also visit our store on Alibaba.com.
Should you be interested in any of our products,
    please let US know and we shall be glad to give you our best quotation .
    We look forward to receiving your inquiry soon .

    Yours sincerely,
    (Your name)
```

图 8-2　主动推广产品发送信息示例

(二) 推广促销活动

推广促销活动发送信息示例如图 8-3 所示。

```
Dear X,
    Right now Christmas is coming, and there is a heavy demand for Christmas gifts. Here is our Christamas gifts
link, please click to check them. All the products are now available from stock. Thank you for your consideration.
    Regards,
    (Your name)
```

图 8-3　推广促销活动发送信息示例

(三) 回复一般询盘

回复一般询盘信息示例如图 8-4 所示。

```
Dear X ,
Thank you for your inquiry of May 5 .
    We have these items in stock , our products are both excellent in quality and reasonable in price .   Right now,
we offer a 5% discount for bulk purchase
    Thank you again for your interest in our products . If you would like to have more information please let US
know . We look forward to your early reply.
    Best regards ,
    (Your name)
```

图 8-4　回复一般询盘信息示例

(四) 回复具体询盘

回复具体询盘信息示例如图 8-5 所示。

(五) 报价

注意:回复询盘和报价,可以适当谈及市场和供应条件,催促对方下单。

报价信息示例如图 8-6 所示。

```
Dear X,
Thank you for your inquiry of May 5 and we are pleased to send you our quotation for the goods you required as follows:
   Commodity: Men's T-Shirt in assorted colors. Item No. AC-101
   Quantity:100 dozens
   Size : Large (L), Medium (M), Small(S)
   Price :at US$60 per dozen CIF Kobe
   Shipment: in June,2016
   Payment :by irrevocable L/C at sight
This offer is subject to our final confirmation.If you find it acceptable,please let us have your reply as soon as possible.
   Your faithfully,
   (Your name)
```

图 8-5　回复具体询盘信息示例

```
Dear X,
   Thank you for your inquiry of May 5 , at your request, we are making you ,subject to your accepatance reaching us not late than May 10, the following offer: "1000 sets of Color YV Sets , at USD500 per set CIF Hamburg. Other terms and conditiongs are same as usua."
   As we have been receiving a rush of orders now ,we would advise you to place your order as soon as possible.
   Yours sincerely,
   (Your name)
```

图 8-6　报价信息示例

（六）回应买家砍价

回应买家砍价信息示例如图 8-7 所示。

```
Dear X,
   Thank you for your letter of May 17 . As regards your counter-offer.we regret we can't accept it because we feel mat the price 1isted is reasonable and leaves us limited profit already,
   However , in order to meet you on this occasion we are prepared to grant you a special discount of 5% on condition that your order is not less than 1 , 000 pieces.
   We hope to receive your order at an early date·
   Best regards,
   (Your name)
```

图 8-7　回应买家砍价信息示例

（七）提供形式发票

提供形式发票信息示例如图 8-8 所示。

```
Dear Sirs,
   Thank you for your letter of May 25,we are sending you herewith the required Proforma Invoice in triplicate.
   Please note that our offer remains valid until November 15.Please place your order as soon as possible , because we running out of our stock.
   Yours incerely,
   (Your name)
```

图 8-8　提供形式发票信息示例

二、模拟 Shopee 平台评价的处理

在 Shopee 平台上，当订单完成之后，买家和商家可针对订单交易情况相互给予评价。

（一）索评请求邮件

索评邮件应该切中要点。该邮件的目的是得到产品评价和商家反馈，所以要在正文中明确表达。可以使用下面的模板并在产品交付 7 到 14 天后发送。

Subject line：So, what do you think?

Hi [Buyer First Name],

It's [Your Name] from [Your Brand] again!

We know it's been a while since you received your [Product Name] and hope you are completely satisfied with your transaction.

If you have not already left us feedback, could you spare two minutes to do so? Simply click on the link below：

[Leave Review Link]

Again, if there was anything wrong with your order, please let us address your concerns, contacting us directly at [Email Address]!

Sincerely,

[Your Name]

[Brand Name]

（二）查看订单评价以及回复买家评价

点击【Shop Settings】—【Shop Rating】即可查看所有买家已评价订单的评分，商家点击【Reply】回复买家的评价（见图 8-9）。

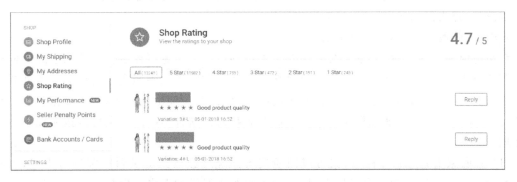

图 8-9　查看订单评价以及回复买家评价

在手机端同样也可以进行评价管理。

打开 App 登录店铺，点击【My Rating】（我的评价），选择未回复的订单点击订单右上角三个点【Reply】（回复），编辑想回复内容点击右上角【SUBMIT】（提交）（见图 8-10）。

（三）关于评价时间

买家需在 15 天内进行订单评价，建议商家在订单完成后及时鼓励买家给予好评。

（四）买家修改评价

若有买家给予了差评，建议商家及时与买家协商修改评价，评价后 30 天内有 1 次修改评价的机会。

修改差评最直接也最有效的方法就是给买家发放优惠券，这样不仅促进了二次消费，还能

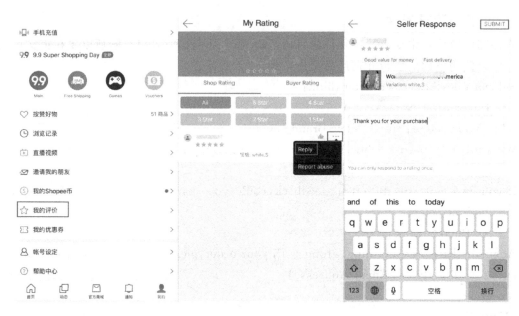

图 8-10 手机端进行评价管理

撤销差评。

指导买家修改差评：

步骤一：到【Me】（我的）—【My Purchase】（购买清单）。

步骤二：找到将要更改评价的商品，然后点击【Shop Rating】查看卖场评价。

步骤三：点击【Change Rating】来修改评价。

步骤四：修改评价，然后点选完成。

在跨境电商贸易过程中，难免会遇到恶意差评的情况。刻意恶评是指某些买家或者同行竞争者等评价人对所购商品给予不客观、夸大缺点等评价方式谋取不当利益的行为。有些买家为了达到退货的目的，明明不是商品存在质量问题，却偏偏要找理由给差评；有些商家为了打击其他同行，会雇人在别的商铺恶意刷差评。售后客服在遇到这种情况的时候可以按照以下方式进行处理。

（1）若商家遭遇恶意差评，商家可以向所属客户经理或者致电平台客服进行申述，由平台介入处理。申请申述周期1个月以上，商家应该收集并提供如下申述资料：

①商家账号（Seller）。

②买家账号（Buyer）。

③订单编号（Order SN）。

④评价截图。

⑤买家恶意差评的理由。

（2）申述之后，商家可以尝试举报/封锁指定买家。

打开Chat（聊聊），选择需要举报或者封锁的买家，点击对话框顶部用户名旁边的三角形按钮，即可从下拉菜单看到Report User（检举此使用者）或者Block This User（封锁该使用者）的选项，客服可以根据需要进行选择。

（3）被举报/封锁的买家会受到什么限制？买家被封锁后还能留言吗？

①被封锁的买家不能在该店铺中购买任何商品,也不能在该店铺Chat(聊聊)中发言。
②不管买家是否被举报或封锁,只要买家买了某件商品,就可以在某件商品下留言。

本章小结

本章对跨境电商的客服相关知识以及沟通技巧、常见问题处理进行了讲解与拓展。

在跨境电商客服的工作职责方面,主要就跨境电商客服的工作职责和岗位职能进行了详细的阐述。在客服常见问题处理方面,主要从常见问题的处理流程和技巧两个方面进行了较为细致的介绍。这部分细节较多,对提升店铺形象方面的作用还是很大的。

复习思考

选择题

1. 以下哪项不属于客服的主要工作内容?(   )
A. 为客户解答关于产品信息、运费、运输等方面的问题。
B. 进行订单指导与修改、催付款、订单确认。
C. 核对后台的库存状态及其他订单的相关情况之后,协调安排该订单的紧急发货。
D. 坦诚地把成交的订单的最低价告知客户。

2. 小王是某电商平台的一名客服,客户在下单付款之后来电说急需商品,作为客服下面哪个做法是正确的?(   )
A. 告知顾客我们店铺一律按照下单的先后顺序安排发货。
B. 不顾别的订单情况,优先给该订单安排发货。
C. 核对后台的库存状态及其他订单的相关情况之后,协调安排该订单的紧急发货。
D. 告知客户,由于安排紧急发货需要客户给予一定的费用。

3. 客服回复了买家的询盘,下列哪个原因可以得到进一步答复?(   )
A. 邮件中含有病毒。
B. 客服回复频率过高,被买家拉入黑名单。
C. 询盘回复不专业,没有满足客户需求。
D. 根据时间差,合理安排回复时间。

4. Shopee平台买家可以在收到货之后几天内给出评论?(   )
A. 3天。　　　　B. 5天。　　　　C. 10天。　　　　D. 15天。

答案与提示:

1. (D);2. (C);3. (D);4. (D)。

第九章
跨境电商数据化运营

KUAJINGDIANSHANG YUNYINGSHIWU

更多学习资料请扫二维码

> **本章概要**
>
> 在大数据时代,跨境电商数据化运营占据了突出的位置。做好数据分析有助于提高店铺的曝光量和浏览量,帮助卖家能够细分店铺、商品、营销等各种数据,从而做出有效的决策。本章从跨境电商数据分析概述入手,分析了跨境电商数据分析的作用和特点,然后进一步详细解说 Shopee 平台数据分析的内容。
>
> **学习目标**
>
> 1. 了解跨境电商数据分析的作用;
> 2. 了解跨境电商数据分析的工具;
> 3. 了解 Shopee 平台店铺数据分析的方法;
> 4. 了解 Shopee 平台商品数据分析的方法;
> 5. 了解 Shopee 平台营销(广告)数据分析的方法;
> 6. 了解 Shopee 平台销售数据分析的方法;
> 7. 能够区分跨境电商数据分析的不同工具;
> 8. 掌握 Shopee 后台关于店铺、商品、营销、销售数据分析的方法。

第一节 跨境电商数据分析概述

在跨境电商运营中,数据分析至关重要。产品、销售、供应链、财务、物流等每一个环节的改进和优化都少不了数据做支撑。在运营中需要通过数据找到和分析存在的问题,并提供精确的决策依据。

一、数据分析的作用

不管是什么跨境电商平台,都有大量贩卖不同规模和不同类型的商品的店铺。如何从众多店铺脱颖而出,吸引更多的客户是卖家需要考虑的问题。因此,为店铺设定长久的目标、为店铺找到合适的定位是必不可少的。卖家在跨境电商平台上除了要做最基本的(选择商品并上架,购买货物、发货等)工作,还要维护客户关系、投放广告、装修平台店铺等,努力提高店铺流量,提升品牌效应,从而有效提高商品的销售量。

要达到以上的经营效果,数据分析工作是不可缺少的,数据分析工作是贯穿于商品交易前到交易结束的整个过程,能够帮助卖家提升经营效果,提高市场占有率,下面从几个方面来讲解数据分析的作用。

(一)提升店铺流量和曝光度

在电商市场上有各类营销活动和广告,卖家可以通过不同的营销手段在一定程度上增加店铺的流量,提高曝光度,例如常见的投放关键字广告、店铺广告等。不同的关键字、不同的店铺名带来的营销效果是有区别的,卖家能够通过"数据分析"找到营销效果更好的方法,不仅避免因盲目投放广告导致无效的成本上升,也能吸引更多买家找到卖家的店铺。

(二)提升买家下单率

卖家能够通过数据分析找到浏览量较少、销售量低、曝光度低、买家收藏量少和加入购物车少的商品,并进行综合分析各种特性。例如买家加入购物车数量和收藏很高,但是订单量却很低的商品是否因为反馈较少,买家怀疑商品的质量,因此保持着观望态度而迟迟没有下单,针对这种情况卖家可以在商品详情里增加关于商品反馈以及反映商品质量的描述。通过数据分析,卖家能够对商品销售做出相应的调整,并对店铺进行优化,从而提升买家的下单率和商品的成交量。

(三)有利于选择合适的店铺装修效果,及时调整和优化店铺界面

店铺界面视觉效果也会影响买家浏览量和商品的成交量。买家进入一家店铺,首先看到的是店铺首页,清晰的商品分类、店铺优惠活动等亮点能够让买家浏览的时间更长,从而提升买家的下单意愿。卖家通过数据分析,能够及时掌握买家对店铺装修效果的反应,也能了解到买家对店铺活动感兴趣的程度,从而及时调整和优化店铺界面。

二、数据分析的工具

(一)平台内工具

平台内的数据对于卖家来说是最重要的数据,本文基于 Shopee 平台阐述数据分析的工具。Shopee 平台为卖家提供了"我的数据"工具。借助"我的数据"工具,卖家能够获得关于自己店铺的大量数据,并且能够通过图表进行直观的分析。如图 9-1 所示,Shopee 卖家中心页面左下角为"我的数据"功能模块。

图 9-1 Shopee 平台"我的数据"功能模块

"我的数据"功能模块,常用功能有以下几个模块。

(1)仪表板。通过"仪表板"功能可以快速了解店铺总体的运营情况,从关键指标、商品排

名、分类排名三个方面为店铺经营指导方向。

(2) 商品。该功能模块能够帮助 Shopee 平台卖家详细清晰地了解商品的各个指标数据，能够帮助卖家及时调整商品经营的问题，帮助卖家定价、选品、选择合适的标题详情等。

(3) 销售。通过该功能模块能够帮助卖家分析销售的各项指标情况，分析出店铺经营状况的优缺点，优化店铺各项指标。

(4) 营销。卖家在进行投放广告、开展店铺活动后，需要通过该模块功能了解实际的营销效果，为以后店铺的营销活动提供清晰的策略。

(二) 平台外工具

平台外的数据对于卖家来说也是非常重要的。卖家应充分了解清楚市场的真实需求，尤其是海外数据。收集数据后再进行深入系统的数据分析，及时调整店铺的销售策略和产品，避免因市场波动导致的销售量下滑甚至亏本。卖家可以利用各大电商平台数据报告(例如亚马逊电商畅销 Top100 产品)、各国跨境电商市场报告(西班牙 Shopping 类网站排名)、爬数据软件等工具获取数据，平台外的数据主要应从两个方面收集。

第一，了解海外市场销售量较高的产品。作为跨境电商平台卖家不仅要关注国内销售量较高的产品，也应该时刻关注海外市场销售量较高的产品，及时调整店铺销售的产品，淘汰销售量低且利润低的产品。

第二，了解海外买家热搜产品。除了销售量高的产品，买家搜索量高的产品能直接反映市场最热门的产品，跨境电商卖家通过热搜产品提高对跨境市场的敏感度，确保店铺能够长久运营下去。

收集数据后可以利用 Excel、SPSS 等数据分析工具对数据进行分析。

Excel 是较为常见的办公软件，拥有数据统计、图表统计、分类对比、构建数据模型等较为丰富的功能。例如统计出从 2015—2019 年每年的某电商婴幼儿用品购买总量和分类的数量，做成图表。从图表可以看出，哪一年的销售量达到顶峰，哪一年销售量下降，所有类别的商品的销售趋势，哪几种类别的销量较大等。通过这些 Excel 分析，能够了解市场行情，帮助卖家调整下阶段商品销售重心或者拓展新的商品销售。

SPSS(Statistical Product and Service Solutions, SPSS) 全称是"社会科学全程软件包"，它的基本功能包括数据管理、统计分析、图表分析、输出管理等。例如较为常见的 SPSS 直销模块，是分析利用 RFM(Recency Frequency Monetary)模型进行历史数据分析，筛选出应当优先考虑的促销名单，能够根据数据分析目的对数据进行重新整理，使用直销模块中的决策树模型对存在重构行为的买家的基本特征进行定位，该结果将被用于随后进一步改善营销活动的效果。

【课外拓展 9-1】
数据分析在 Shopee 运营中的作用

一、用数据分析，找到店铺内的优质产品

实际上对于 Shopee 这种平台来说，其对卖家的考量因素，更为注重的是转化率这个因素。Shopee 平台为卖家提供了系统的数据收集平台，通过平台的数据收集功能，卖家能够分析出店铺内的优质产品。为了获得更高的产品流量转化率，卖家要及时调整店铺的销售策略，进行投放广告、优惠活动等。Shopee 平台并不关心你获得多少流量,因为平台内的流量皆归 Shopee 所有,无论流量被赋予哪个产品,都不会让流量总量产生变化。所以从 Shopee 的角度来说,流量是定量而非变量。卖家应该尽可能地把流量赋予高转化率的产品。

二、跟踪产品推广效果,分析产品成长性

分析产品成长性最简单的方法,就是通过 Excel 表格,为每个产品建立一个工作表,每天采集如下数据:访客数、订单量、转化率(自动计算)、成交金额、类目排名、主要关键字排名(3~5个),另外可以在表格中建立一个图表,以时间为横轴,描绘出对应的折线图。

卖家在查看数据进行分析时需要注意产品的螺旋上升特性、推广周期恒定性、转化率稳定性。在新品推广中,最有利于卖家的局面是产品流量稳步增长,成交量相应增长,转化率相对稳定。

第二节　跨境电商数据分析

Shoppe 平台一般提供仪表板、商品、销售、行销等这几类数据分析功能模块,接下来本文按照 Shopee 平台的数据分析分类进行讲解。

一、"仪表板"数据分析

在"我的数据-仪表板"页面里,卖家可以获取不同时间段店铺的订单、转化率、销售额、访客数、商品浏览数等数据。

(一)"仪表板"关键指数

"仪表板"功能涉及销售额、订单、转化率、每个订单的销售额、访客数、商品浏览数六个关键指标,如图 9-2 所示。

图 9-2　"仪表板"关键指数

卖家通过点击指标查看相关的数据,最多可同时选择四个不同的指标,鼠标移至指标右上方的灰色①,即可查看每一项指标的定义和计算方式,如图 9-3 所示。

卖家还可以选择在不同时间段的情况下"已下订单""已确定订单""已付款订单"三种情况下的关键数据,根据不同的数据进行相应的店铺调整,如图 9-4 所示。

图 9-3 关键指数的说明

图 9-4 订单类型

（二）商品排名

卖家通过"仪表板"页面能够分别查看销售额、件数、页面浏览数、转化率的前五名商品。这里的转化率是指商店里已下单或已付款的访客总数除以商品浏览量的总数，转化率越高则代表店铺的商品越有吸引力。如图 9-5 所示，在所选时间内所有已付款订单中转化率最高的前五名。

（三）分类排名

卖家还可以通过"仪表板"页面查看销售量排名前五的类别，如图 9-6 所示在所选时间段总销售额排名前五的分类。通过该数据，卖家能够时刻了解店铺销售量较好类别的商品和较差类别的商品，深刻分析产生销售量差距的原因，才能让店铺发展得更好。

如上述所示，"仪表板"呈现的是店铺的整体销售情况，卖家通过查看某一时间段内的"仪表板"数据能够了解店铺在该时间段内的关键数据。例如某鞋店 2020 年 1 月的关键指标数据（已付款订单）如图 9-7 所示，数据显示销售量和访问数同比都在一定程度上下降，转化率较稳定。由于 2019 年 12 月店铺进行了年底大型促销活动，店铺销售量在 2019 年 12 月销售量、流量等都较高，因此 2020 年 1 月的店铺销售情况相较于上月较差。

二、商品数据分析

在"我的数据—商品"功能模块中，卖家能够通过 Shopee 平台对商品概述、商品表现、商品诊断三个方面进行数据分析，如图 9-8 所示。

商品排名

排名	商品	转化率
1	Ready Size 35-45 Sepatu Sport Running Basketball Shoes Pria/... Rp424.580	50.00%
2	Sepatu Sandal Gunung Wanita / Pria Original Warna Hitam Ukur... Rp282.580	25.00%
3	Sandal Selop Bahan Kulit PU Outdoor Rp259.860	20.00%
4	Sepatu Gunung Sandal Pria Gaya Retro Kamuflase Original Outd... Rp376.300	20.00%
5	Sepatu Sandal Pria Outdoor Anti Slip Ukuran 39-46 untuk Rp258.440	16.67%

图 9-5　商品排名

分类排名

排名	分类	销售额
1	Sepatu Pria Sneakers	Rp5.604,48K
2	Sepatu Pria Sandal	Rp2.079,49K
3	Sepatu Pria Sepatu Kasual	Rp1.645,89
4	Sepatu Wanita Sneakers	Rp1.538,78K
5	Sepatu Pria Sepatu Formal	Rp1.098,87K

图 9-6　分类排名

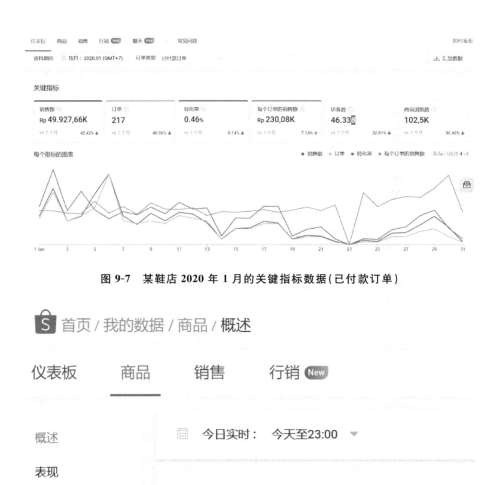

图 9-7　某鞋店 2020 年 1 月的关键指标数据（已付款订单）

图 9-8　数据分析—商品

（一）商品概述

1. 商品指标

在 Shopee 平台的"商品"数据功能模块中,其数据主要分为访问,加入购物车、已确定订单（已付款订单数）三个类别。如图 9-9 所示,访问这一类别的指标有访客数、商品浏览数、已访问的商品、跳出率（即点击商品后没有购买、收藏和加入购物车就离开的比率）、赞；加入购物车这一类别的指标有件数、转化率（加入购物车）；已确定订单这一类别的指标有件数、销售、已确定的商品、转化率（访问至确定）。整个买家的购物流程从浏览数到加入购物车最后按确认购买按钮,卖家可以提升任何一个环节的转化率。例如：加入购物车的销售件数突然减少可以去修改商品文字或者是图片进而去提升转化率。

2. 指标趋势

Shopee 平台中指标趋势共涉及 12 项指标的数据,点选右侧的灰色①符号便能查看指标的

第九章　跨境电商数据化运营

图 9-9　商品数据指标

定义，每次最多可以选择 4 项指标查看各个指标间的相关性，并且能够通过图表直接表现出来。指标趋如图 9-10 所示。

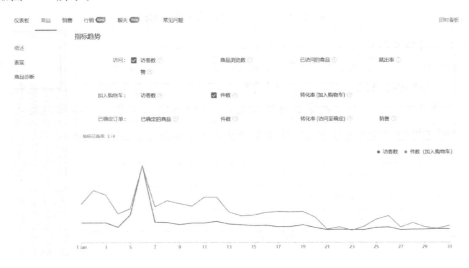

图 9-10　指标趋势

3. 商品排名

商品排名通过访客数、页面浏览数、销售额、件数、转化率、加入购物车数等指标进行排名。如图 9-11 所示，访问量前十的商品排名（部分）。卖家借助商品排名工具能够清楚了解按照不同指标进行排名的前十名商品，从而做出相应的调节。例如访客数前三的商品销售量却不在前三，卖家据此可以通过修改商品详情的描写或者增加优惠折扣活动来优化店铺运营。

（二）商品表现

在商品表现中，卖家能够选择不同的类别不同的指标来查找相对应的商品，从而查看该商品的数据并进行分析。

图 9-11 访问量前十的商品排名(部分)

1. 选择不同的时间区间

可以选择今日实时、昨天、过去 7 天、过去 30 天的数据,也可以选择某一时间段的数据,如图 9-12 所示。不同时间段的数据代表不同的含义,例如想查看新品的反响,可以查看过去 7 天的数据;想查看今年数据与去年数据的对比情况,则可以选定去年某一时间段的数据与今年同一时间段的数据进行对比。

图 9-12 在商品表现中时间区间的选择

2. 选定不同的指标

在商品表现中的指标共有 15 项,如图 9-13 所示。鼠标移至每项指标右上侧的灰色①符号便能查看该指标的定义,一次最多可以同时勾选 10 项指标。选择特定的时间段以及指标后,页面下方便会显示相对应的商品详细数据,卖家可以通过该数据进行调整经营策略,也可以进行相关的记录。

图 9-13　在商品表现中的指标的选择

3. 可通过"搜索商品"查询某一商品

如果商品数量过多,卖家有自己特定的数据需求,可以通过"搜索商品"查询某一商品。如图 9-14 所示,搜索"连衣裙",并选定相关的指标进行搜索。

图 9-14　在商品表现中的搜索

卖家通过一系列的操作显示出来的商品,所选择的指标将会体现在商品的上方。因此可以根据自己的需求自定商品的排序方式,如图 9-15 所示。

(三) 商品诊断

商品诊断,即通过 Shopee 平台后台对店铺内某一商品从销售额下降率、差评、高退货率、高逾期出货率、高卖家取消率、低转化率、低浏览量等指标进行诊断。买家可以利用 Shopee 平台"商品诊断"的功能及时发现销售情况发生异常的商品,并及时找到原因,对症下药。如图 9-16 所示为某店铺近期销售有问题的商品。

图 9-15　根据所选指标的商品排序

图 9-16　商品诊断

1. 销售额下降率

当过去 7 天或 7 天以上销售下降率超过 30% 时，销售额下降率过高，卖家应采取相应的措施，例如参加平台促销活动或者开展店铺活动，改善商品的详情描述（图片、文字等）。

2. 差评

商品的评价是两星或低于两星则视为差评，当过去 7 天或 7 天以上收到过差评，卖家就需要注意了。

第一，要尽快联系买家，仔细询问商品出现的问题，看看是否能够及时弥补。

第二，将发现的问题及时解决并防止再次发生，做出相应的调整。

第三，在商品描述中对差评进行解释。

3. 高退货率

当过去 30 天至少 5 个商品以上或者 10% 以上的商品被要求退货，说明退货率过高。此时卖家需要做的是以下三点。

第一,提供准确的商品描述,及时回应买家的疑问。

第二,确保商品包装不会受损,例如在商品的包装上标记"易碎物品",增加缓冲的泡沫制品。

第三,退货率较高的商品可以考虑下架不再售卖,以免影响店铺的名誉。

4. 高逾期出货率

当过去7天内至少1个商品或者5%的订单逾期出货,则表明店铺的逾期出货率过高。此时卖家需要做的是以下两点。

第一,确保有足够的人力和库存以应对店铺的基本运作,如人手不够应及时招聘工作人员。

第二,订单的发货顺序应该按照订单支付顺序,卖家应严格按照这一标准进行出货。

5. 高卖家取消率

当过去7天内至少5个商品或者30%的订单被取消,则表明店铺的订单取消率过高。此时卖家应该从以下几点进行改善取消订单的情况。

第一,定期更新库存。

第二,按时出货,避免订单被系统取消。

第三,如果无法及时出货,需要及时和买家联系。

如图9-16所示,某店铺近期某款鞋退货率较高,经过与所有退货的买家沟通了解到,这件商品虽然是羊皮做的,但是穿着还是特别磨脚,因此卖家经过核实发现是供应商所供的货有问题,立即向供应商反馈,并将该商品下架。

三、销售数据分析

卖家通过进入Shopee平台查看"销售"数据进行分析,Shopee平台分别从概述和结构两个方面对销售数据进行总结分析,如图9-17所示。

图 9-17 销售数据分析

（一）概述

1. 销售概述

Shopee平台的销售数据主要从访客、已下订单、已付款订单三个维度进行分析总结,主要对应6个数据进行呈现,如图9-18所示。卖家选择想要查看的时间段,页面就会出现相应的数据。销售概述是对店铺销售整体的数据进行显示,对于卖家而言可以用少量的时间就能对店铺销售情况有总体的了解。

图 9-18　销售概述

2．指标趋势

销售概述里的指标趋势与商品的指标趋势相似,销售概述的指标趋势涉及以下指标,如图9-19 所示。卖家通过点击指标查看相关的数据,最多可同时选择 4 个不同的指标,鼠标移至指标右上方的灰色①,即可查看每一项指标的定义和计算方式,也可以通过图表的直观方式查看各个指标的变化趋势。

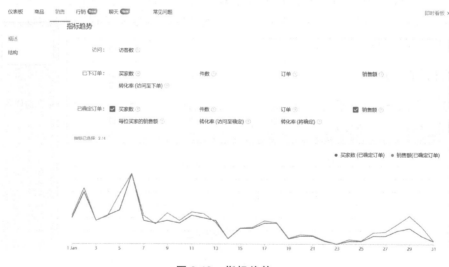

图 9-19　指标趋势

（二）结构

关于销售数据的结构有分类结构、订单价格结构、买家结构。

1．分类结构

绝大部分 Shopee 平台内的店铺商品都有不同分类,卖家需要查看不同分类的销售数据可以通过"销售—结构—分类结构"功能查看。卖家只要选择想要查看的时间段,页面就会出现按照销售额占比不同组成的圆饼图,能够直观清晰地让卖家了解不同分类商品的销售情况,如图9-20 所示。

图 9-20 分类结构

2. 订单价格结构

订单价格结构是指根据卖家订单的价格范围对订单的销售数量进行细分,卖家能够通过买家数量了解买家最愿意支付的价格。如图 9-21 所示,该功能能够帮助卖家定价。

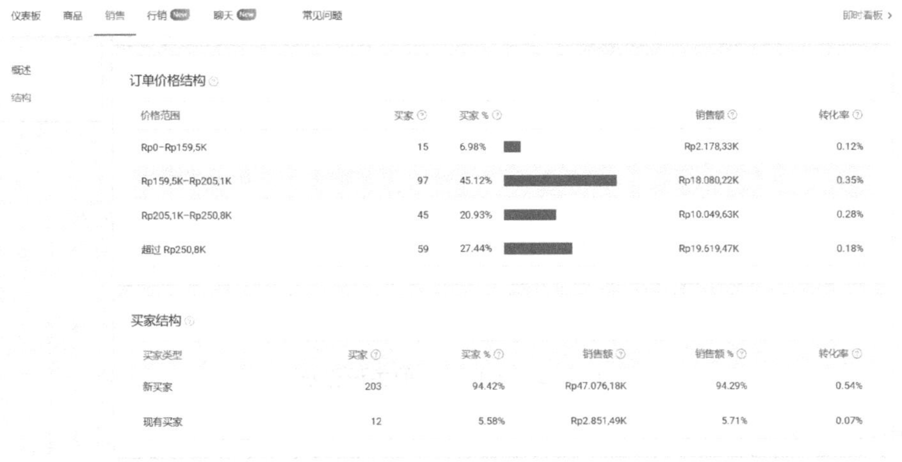

图 9-21 订单价格结构

3. 买家结构

买家结构是针对不同买家的销售数量进行细分,卖家可以通过该数据决定接下来的店铺运营优先考虑哪种群体的买家。

Shopee 平台"销售"功能模块能够帮助卖家掌握更详细的销售情况,例如通过买家结构了解常客的占比,如果近期常客占比低,是否是商品质量有所下降?价格是否调整得不合适?或者售后服务水平降低?这些异常的情况都应该及时分析原因,调整销售策略。

四、营销数据分析

Shopee 平台的营销数据从折扣活动、套装优惠、关注礼、优惠券、加购优惠五个方面进行收集和分析。

（一）折扣活动

1. 关键指标

卖家在店铺内设置折扣活动后，可以通过折扣活动模块查看折扣活动的效果。Shopee平台提供销售、售出件数、订单、买家、每位买家的销售额5个关键指标的数据，通过选择某一时间段的数据卖家能够了解折扣活动的关键数据，对折扣活动的效果有基本的了解。折扣活动的关键数据如图9-22所示。

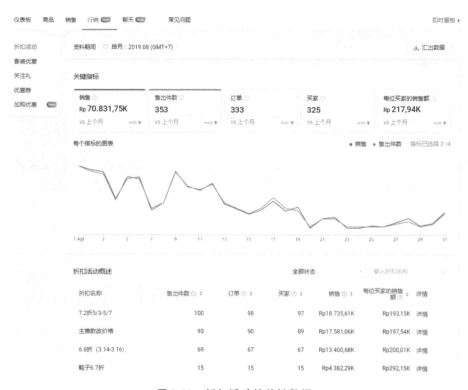

图9-22 折扣活动的关键数据

2. 折扣活动概述

如果卖家想查看不同的折扣活动的数据，可以使用折扣活动模块功能，找出相对应的折扣互动。

店铺可能会在不同时期策划不同的折扣活动，通过折扣活动模块数据显示，能够对比不同折扣活动的效果，如图9-22所示，5月3日至5月7日的折旧活动带来的销售量最高，这是因为夏季即将来临，夏季的鞋子打折给买家带来的吸引力更大，因此卖家可以考虑在换季前策划下一季度产品的折扣活动。

（二）套装优惠

同折扣活动数据相似，套装优惠的数据也分为关键指标与套装优惠概述，如图9-23所示。

（三）关注礼

关注礼是指买家关注店铺获得优惠的活动，例如优惠券、折扣等。如图9-24所示，关注礼的数据分析涉及5个关键指标（新粉丝、观众、买家、销售、每位买家的销售额），这里的买家数、

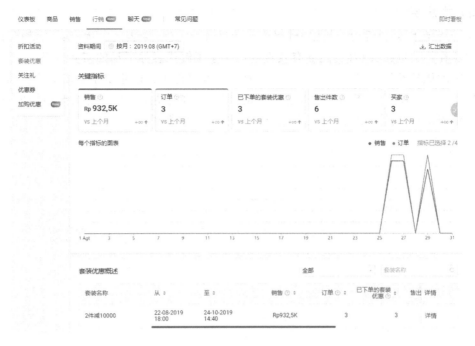

图 9-23 套装优惠的数据

销售额等指的是使用关注礼的数据。通过这几个指标,卖家能够直接了解到关注礼活动吸引了多少买家,给店铺带来多少实际销售量,例如图 9-24 中的店铺,在 2019 年 12 月 14 日至 2020 年 3 月 11 日通过关注礼增加了 1790 个新粉丝,其中使用关注礼优惠券的买家有 24 个,增加销售量 6253.84 千卢比,这些就是实打实的营销数据。

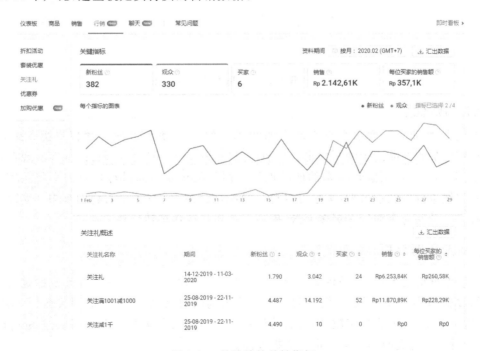

图 9-24 关注礼的关键指标

（四）优惠券

Shopee平台优惠券活动的数据分析分为关键指标和优惠券表现。优惠券关键指标的数据分析与关注礼的关键指标相似，能够有效直接让卖家了解优惠券活动的实际效果。

当卖家的优惠券活动过多时，卖家可以通过设置筛选出自己想要了解的优惠券活动效果，如图9-25所示，2019年该店铺有过优惠券活动，但是效果不甚理想，这是由于店铺的优惠券是指定某个销售量较差的产品，这样的营销方案不适用于此类商品。

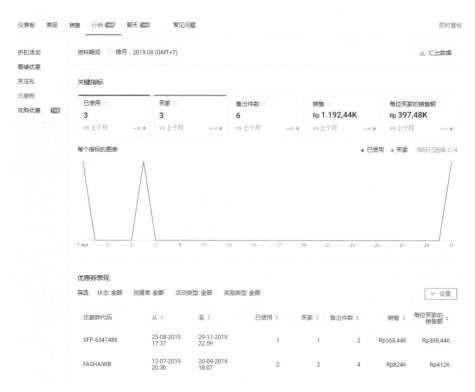

图9-25　优惠券数据

（五）加购优惠

加购优惠是Shopee卖家中心2020年推出的一款工具，允许卖家在销售主要商品的同时，对买家选定的加购商品给予购买优惠。加购优惠（Add-on Deal）会以醒目的标签出现在Shopee App商品浏览页上，让买家在纷繁的商品堆里一眼看见优惠。商品详情页内会将买家选定的加购商品和优惠价格展示出来，买家可以自行搭配商品组合，一并加入购物车中。卖家能够通过"加购优惠"活动为店铺带来更多流量，提高下单率和购物车转化率。

五、聊天数据分析

聊天数据分析是Shopee平台2020年新推出的功能模块。该模块主要涉及的是访客与客服聊天的数据，如图9-26所示。例如前一天的聊天询问数、已（未）回复的聊天数、平均回复时间、聊天后下单量、聊天后买家数、聊天后的订单件数（销售额）等数据都可以通过Shopee平台查询，并能看到在选定时间内某一指标的折线图。

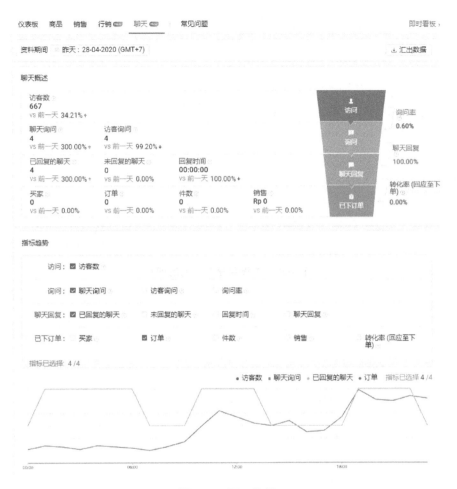

图 9-26 聊天数据

所有这些数据最关键的还是转化率,即已下订单数/已回复的聊天数。当某一时间段的转化率过于低时,可能是客服在与买家沟通时存在某些不足,卖家应及时纠正客服在聊天中存在的问题,从而提高聊天转化率,给买家留下更好的印象。

第三节 实 训

经过上面课程的学习,本节将分析 Shopee 平台上某店铺某月销售数据的实训。

下面将选择 2019 年 8 月某店铺的数据进行分析。

第一步:选择需要分析的时间段。

(1) 点击 Shopee 首页"数据—数据分析"。

(2) 根据想了解的情况选择"商品""销售""行销"进入数据页面,选择时间段为 2019 年 8 月,如图 9-27 所示。

第二步:查看分析店铺数据。

(1) 商品数据,着重于商品的各个指标的表现,如图 9-28 所示。

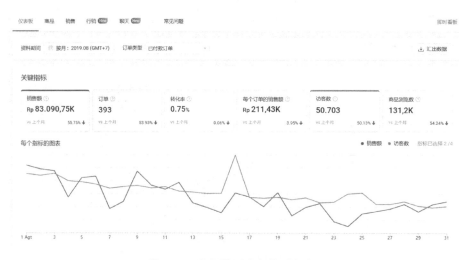

图 9-27　选择需要分析的时间段

图 9-28　查看商品数据

（2）销售数据，着重于店铺的销售情况，如图 9-29 所示。

图 9-29　查看销售数据

(3)行销数据,着重于店铺活动的销售情况,如图 9-30 所示。

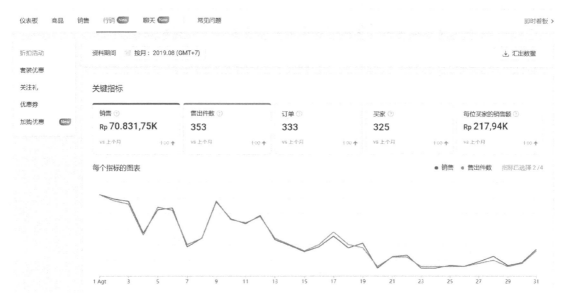

图 9-30　查看行销数据

本章小结

本章对跨境电商的数据化运营相关知识和常见问题处理进行了讲解与拓展。

在跨境电商数据分析概述方面,主要就数据分析的作用和数据分析的工具进行了详细的阐述。在跨境电商数据分析中列举了五种数据分析类型,并对其进行了详细的阐述。

复习思考

1. 数据分析对跨境电商的作用非常明显,下面哪项不属于跨境电商数据分析的作用?(单选)

　　A. 优化店铺装修　　　　　　　　B. 提升店铺流量

　　C. 优化店铺的好评率　　　　　　D. 提升店铺的曝光度

2. Shopee 平台是跨境电商最常用的电商平台之一,而且 Shopee 后台有较为丰富的数据分析工具,下面哪项不属于 Shopee 平台内数据分析的工具?(单选)

　　A. 分析海外关键字数据　　　　　B. 店铺内商品数据

　　C. 店铺营销数据　　　　　　　　D. 店铺销售数据

3. Shopee 平台里有较为有效的数据分析,下面哪项数据在 Shopee 平台里无法查看到?(单选)

　　A. 店铺某商品近一周内的销售量

　　B. 店铺近一个月内的商品转化率

　　C. 买家浏览商品的时间

D. 买家加入购物车后选择购买的商品

4. 实操题：

分析 Shopee 平台某店铺某月使用优惠券和折扣等营销活动的数据。

答案与提示：

1. C；2. A；3. C；4. 略。

第十章
跨境电商创新创业篇

KUAJINGDIANSHANG
YUNYINGSHIWU

本章概要

本章主要探讨与跨境电商相关的创新创业,主要介绍依托互联网进行电商创新创业的计划书编写方法,提供模板参考,通过一些案例对学生进行创业启发,加深相关专业的学生对创业的理解,让学生能够感受到创业文化,进而产生创业行为。

学习目标

1. 了解创业计划书应有的内容;
2. 具备创业计划书的编写能力;
3. 了解创业案例;
4. 通过创业案例,进行创业思考。

第一节 创业者和创业团队

跨境电商行业的飞速发展也需要更多高质量的双创人才参与其中。许多人选择创业作为他们的就业选择,但是创新创业并不像大家所憧憬的那样顺利,一家创业企业能走多远、走多好,往往取决于创业者及其团队的综合素质。

一、创业者

创业者是创业的主体。既可以是一个单独的个体,也可以是一个团队;既是新创企业的意志主体,又是行为主体。广义的创业者是指参与创业活动的全部人员;狭义的创业者是指参与创业活动的核心人员。

(一)创业者应具备的素质

1. 心理素质

心理素质指创业者的心理条件,包括自我意识、性格、气质、情感等心理构成要素。作为跨境电商的创业者,创业者的自我意识特征应自信和自主,既要能享受创业的成功,也要能承受创业的失败。

2. 身体素质

创业与经营是艰苦而复杂的,跨境电商的创业者工作繁忙,时间长,压力大。特别是面对全球不同时区的买家,创业者往往要熬夜处理订单,如果身体素质不好,必然力不从心,难以承担创业重任。

3. 知识素质

跨境创业者要进行创造性思维,要做正确决策,必须掌握广博的知识,具有一专多能的知识结构。例如,跨境电商的创业者充分了解不同平台、不同国家的政策,依法行事,用法律维护自己的合法权益。此外跨境从业人员需具备电子商务、跨境营销、国际物流、国际贸易实务专业等知识,又对互联网和信息技术有着更高的要求。具备市场经济方面的知识,如财务会计、国际金融等。具备一些有关世界历史、世界地理、社会生活、文学、艺术等方面的知识。

(二)创业者应具备的能力

创业者应具备以下几种能力。

1. 创新能力

创业实际就是一个充满创新的事业,所以创业者必须具备一定的创新能力,喜欢打破常规,按照自己的意志去发现新事物,并且会根据实际情况,及时提出新目标、新方案,不断开拓新局面,创出新路子,可以说,不断创新是创业者不断前进的关键环节。

2. 决策能力

决策能力是创业者根据主客观条件,因地制宜,确定创业的正确发展方向、目标、战略以及具体选择实施方案的能力。决策是一个人综合能力的表现,一个创业者首先要成为一个决策者。

创业者的决策能力通常包括分析能力、判断能力。

3. 组织、协调能力

组织能力指的是创业者把各项生产要素有机组合起来,形成系统整体合力的能力,协调能力其实也就是管理能力。

4. 较高的逆商

所谓逆商,就是抗击逆境,面对失败的能力。在现实生活中,创业者总会面对这样或者那样的失败。失败并不可怕,可以说失败非常普遍,重要的是我们如何看待和面对失败。

5. 把控风险的能力

做任何创业都要有投入,有投入就会有风险。作为一个创业者必须要具备把控风险的能力,通过全盘考虑和评估在最大程度上规避风险。

二、创业团队

在竞争日益激烈的就业环境下,想要创业成功,必须抱团取暖,群策群力,组建志同道合的创业团队。

(一)创业团队概述

创业团队是指由两个或两个以上具有一定利益关系的,彼此间通过分享认知和合作行动以共同承担创建新企业责任的,处在新创企业高层主管位置的人共同组建形成的有效工作群体。创业团队具有以下几个特点:

(1)创业团队是一种特殊群体。
(2)创业团队工作绩效大于所有成员独立工作绩效之和。
(3)创业团队对创业成功具有重要的价值。
(4)创业团队是高层管理团队基础和最初组织形式。

(二)创业团队构成

狭义的创业团队是指有着共同目的、共享创业收益、共担创业风险的一群创建新企业的人。

广义的创业团队则不仅包括狭义的创业团队,还包括与创业过程有关的各种利益相关者,如风险投资家、专家顾问等团队优势。

初始创建者,需要考虑其受教育程度、创业经历、产业经验、社会网络关系等因素。团队的核心员工可以由猎头公司、人才市场、媒体广告、熟人介绍。董事会能够为创业团队提供指导、增加资信。专家顾问主要包括顾问委员会、投资者和贷款方、咨询师。

(三)创业团队组建

1. 创业团队成员组建的基本原则

1)创业目标与团队成员加入的目的一致

在创业团队的组建过程中,首先需要考虑的就是团队成员发展目标的一致性,"道不同不相为谋"的理念很好地诠释了这一原则,所以团队的创始人务必要在明确目标的前提下进行成员的多方考察和选择。

2)团队成员的知识结构

创业团队既有技术人员,又有市场和销售人员,对于任何一个创业团队而言,只有成员的知识结构科学合理,才能增加创业的成功性。因此,在创业团队的成员选择上,必须充分注意人员的知识结构(技术、管理、市场、销售等),充分发挥个人的知识和经验优势。

3)团队成员的性格、个性、兴趣

通常一个创业团队在创业初期由于将几乎所有的精力都放在了创业上,且组成创业团队的各成员之间多是私交较好的伙伴,比如亲戚、校友、同学等,这时成员的个性特征并没有明显地显露出来。但是一旦企业发展到某个阶段时,各成员的个性特征就会显现出来,由于个性冲突造成的矛盾就会激化,导致创业团队破裂,甚至会使创业失败。

4)团队成员的价值观念

企业文化的雏形就是创业团队成员的价值观念和道德品质,因此团队成员的价值观念至关重要。由于每个人的价值观念都是很难被改变的,所以最好在组建创业团队之初就应进行深入交流和充分了解,寻找价值观相似的人组建创业团队。

5)合理明确的创业合伙协议

创业团队需要制定合理明确的创业合伙协议。创业合伙协议主要包括团队成员的出资方式和比例、股权分配、权责划分、项目保护以及项目清算等。

2. 创业团队的生命周期

创业团队的生命周期可以帮助创业者更好地开展工作。创业团队的生命周期可以分为以下几个阶段。

出生阶段:凝聚力和有效性都是低水平,团队成员具有大量不确定性。

成长阶段:团队成员彼此学习,愿意分享认知,并采取协作性行动,团队凝聚力和有效性都将得到提高。

成熟阶段:成功的团队组织实现了既定的战略目标,具有高度的凝聚力和高度的有效性,是团队最理想的阶段。

衰老阶段:依据"团队记忆"采取相应的行动,团队也就渐渐地陷入一种群体思维陷阱,并形成某种"组织惰性"。

死亡阶段:有效性的损失战胜对团队凝聚力的过度管理,团队开始逐渐解体。

第二节 创业计划书

对创业者而言,创业计划书是明确创业目标、明晰创业思路、指导创业实践的蓝图;对投资者而言,创业计划书是使投资方明白项目的投资价值,了解项目的发展潜力的钥匙。所以,一个好的创业团队,必须从制订创业计划书入手,明确创业追求的目标和为实现目标而采取的行动规划。通过撰写创业计划书,使团队成员明确创业方向,厘清创业思路,从而实施创业实践。

一、创业计划书概述

(一) 创业计划书的含义

创业计划书,顾名思义,就是描述创业计划的计划书。一般来说,创业计划书包含创业的整体描述、创业的环境分析、创业的契机、创业的内容、创业的资本来源、创业的风险管理等。

(二) 创业计划书撰写要点

创业计划书是获取风险投资的敲门砖,也是一份全方位的公司计划,是对公司或拟建立公司进行宣传、分析和融资的文件。目的是使投资者充分了解公司的运行情况、市场地位和市场前景,从而吸引投资者把风险资金投入公司。完整的创业计划书,主要包含以下五个部分。

1. 第一部分

第一部分可以阐述创业的切入点,围绕创业的契机展开,简单描述创业的环境和前景,介绍自己创业的方向,讲清楚创业内容。主要涉及:

(1) 有关行业背景、市场发展趋势。行业市场分析应具体可行并且有针对性,避免空泛论述。

(2) 探讨在当前市场背景下发现的市场需求点。如果经过调研发现已有类似的产品或服务,应对已有的产品或服务进行对比及分析,以表明当前所进行项目的差异化。

(3) 说明目前是做该项目的正确时机。

2. 第二部分

第二部分可以从宏观和微观两个角度对准备创业的项目的外界环境进行分析。宏观上分析法律、政治、经济、文化、自然、科技等因素;微观上分析竞争者、顾客、供应商等因素,进而梳理创业项目面临的环境状况。第二部分主要包括以下三个方面:

(1) 市场潜量:互联网技术的迅猛发展,极大地改变了当前的社会和经济环境。目前大多数网民以中青年为主,对网络购物接受度高,商品在网上销售具有很大的市场潜力。

(2) 消费者需求的特点:网络购物的用户主要是年轻人,他们对社会对事物都有独到的看法,个体之间差异较大,面对这样的消费者特点,创业者应当有充分的认识,能抓住消费者的心理,制定对应的策略。

(3) 分析创业项目的 SWOT,即 strengths(优势)、weaknesses(劣势)、opportunities(机会)和 threats(威胁),梳理创业项目的优势有哪些,如何充分利用这些优势,创业项目的劣势有哪些,如何规避自身的短板,创业项目面临哪些机会,如何才能抓住这些机会,创业项目面临的威胁是什么,如何化解这些威胁。比如大学生创业,国家或地方有哪些政策支持,项目可能面临的竞争对手有哪些,存在哪些市场机遇等。

3. 第三部分

第三部分可以列举创业项目的业务内容,讲清楚创业具体要做什么,怎么做。项目运营时,需要哪些资源,采用什么运营策略,人员如何分工等。

第三部分主要包含内容有两点:①明确有哪些方案能够解决发现的市场需求点;②阐述产品或解决方案的竞争力(核心竞争力是什么,与众不同之处?)

以大学生互联网创业为例,可以这样分析:

1) 主要业务

网络零售主要是基于互联网,将产品陈列在网络店铺中,供消费者选购的活动,网络零售面对的大多是个人消费者,具有零售特点。

2) 网店运营模式

(1) 进/发货模式。

买家在店铺选购后拍下物品并支付货款—店主按照消费者订单需求发货—买家收到货物后确认—交易完成。

(2) 在线客服管理。

需要安排客服在旺旺上值班。客服对光顾店铺的每一位客户,无论是否最终购买商品,都应当尽力提供周到的服务,让顾客有宾至如归的感觉。此外,对客服的培训也至关重要。安排课程让客服熟悉店里所有商品,客服才能具备专业的素质,安排商务和沟通培训,客服才能服务好客户。设立在线客服的目的主要在于:

①对新手用户进行指导,教会客户如何选购商品,包括商品详情浏览、下单流程、支付流程、物流查询等环节。为客户进行店铺商品的推荐。

②对已发货物的查件。可以通过快递查询功能查询货物当前位置以及预计送达时间,为客户进行服务跟踪和回访。

3) 推广策略

口碑推广:良好的口碑是店铺和产品经久不衰的支撑,店铺产品好,服务佳,顾客自然会向身边的人推荐。

广告推广:广告是店铺和产品面向市场的通行证,没有广告,店铺或产品就很难让更多的人了解,再好的店铺和产品也会受限于市场规模。广告能帮助我们打开市场,让店铺和产品有机会曝光。当然,媒体有很多种,广告可以借助不同媒体开展,比如论坛软文、直播、电视广告。

4) 促销策略

网络零售的促销方式有很多,常见的有"包邮""打折""有买有赠"等。

各种节日也是网络店铺打折促销的时机,如五一国际劳动节、十一国庆节、圣诞节、元旦等,在节日进行促销往往可以带来大流量。

5) 管理团队

团队的人员规模和组成,团队主要成员的分工、背景和特长,团队的核心竞争优势,这些都是创业初期需要进行规划的事情。网店一般会设立经理、客服主管、财务主管等岗位。经理负责店内的全面管理,产品的选择和市场宣传;客服主管的职责是掌握存货信息,管理客服;财务主管的职责是负责网店的费用管理、资金记录,网店盈亏监控。

4. 第四部分

第四部分涉及财务和资本。如何进行项目融资,融资渠道有哪些,如何进行财务管理,项目运行的预算如何等。财务的内容需要具备专业知识,懂财务知识对创业人员来说是一种非常好的技能。

第四部分的内容主要包括:

(1) 未来1年的财务预估。

(2) 未来6个月或1年的融资计划。

(3) 目前的估值及估值逻辑。

(4) 之前的融资情况。

对大学生互联网创业进行财务和资本分析:

第一年的投资主要是支付淘宝消费者保障保证金、代销加盟费、推广费等,还需要一定的流动资金,用于物流配送等。

随着网店的运营,业务量会扩大,需要有较多的流动资金,用于进货和发货等,如果有必要还要支付员工招聘费。

其他成本包含购买淘宝增值服务、营销软件的费用等。

5. 第五部分

第五部分需要对计划书进行风险分析,对项目运行的各项风险进行预测,才能做好万全的准备,在认知风险的基础上尽力规避风险。

分析大学生互联网创业:

1) 人力方面的成本

创业初期,在资金并不是非常充裕的情况下,为节约人力成本,需要创业者在更多事情上亲力亲为。比如前期的选品需要和供应商进行洽谈,选品后需要将商品数字化,上传到网店中上架,图片拍摄和上传,商品信息描述等,可能都需要创业者自己或小团队完成。上架后需要进行销售、订单跟踪、发货、售后维护等工作,人员职责分配应尽可能集中,以控制人力成本。

2) 成本方面的风险

在网店的运营过程中,会涉及非常多的成本,比如货物采购、快递费用、税费缴纳、水电费等费用,都需要创业者关注。尤其是营销费用,如何将营销费用得到最合理配置是非常关键的,不花营销费用,很难收获订单,花营销费用又容易产生成本风险。这些都需要创业者不断积累经验,以尽量降低成本。

3) 物流方面的风险

在物流方面,存在的风险是非常多的。尤其是跨境物流,整个物流过程有非常多的不可控因素。比如,物流包裹的丢失、物流包裹的损坏、物流通关效率低下,甚至包裹被海关扣押,这些物流风险都有可能造成买家与卖家之间的矛盾,物流服务的质量在很大程度上影响我们零售店铺的服务质量。如果买家收到货之后对商品不满意,又会涉及逆向物流,国际物流具有路途遥远、环节繁多的特点,因此在逆向物流的问题处理上需要创业者花费更多精力去思考。

分析完以上部分,可以对创业项目进行总结,得出可行性分析结论。

二、创业计划书内容

（一）项目概述

项目概述是创业计划书的第一部分内容，是整个创业计划书的浓缩和精髓所在。应简洁、清楚地介绍创业项目的商业价值、竞争优势、目标市场的描述和预测、核心的管理手段和资金需求、团队概述等。创业计划书的字数控制在1000字之内。

（二）公司概述

（1）公司的宗旨。

（2）公司的名称和结构。

（3）公司经营理念。

合理规划公司的远景目标，在追求和实现公司目标的同时，也要回报那些关注我们发展的人士、客户和公众。描述各有关团体和人事如何受益。

（4）公司经营策略。

在这里用最简洁的方式描述产品/服务，以及准备解决什么样的困难、如何解决，公司实行该项目的可能性。在展示产品图片、技术参数、公司服务情况时，尽可能用心去描述，去总结该产品的创新点、功能亮点、独特价值和竞争壁垒，让投资人产生想购买、想拥有、想体验、想与它合作的冲动。建议团队发挥专业特长，有创新内涵，不要简单追随投资热点，要专注聚焦，不追求大而全，尤其考虑利用专业资源、发挥专业优势。

（5）相对价值增值。

产品为消费者提供了什么新的价值。

（6）公司设施。

针对计划中的公司设备进行详细描述。

（三）产品与服务

产品与服务：主要介绍技术、产品的功能、应用领域、市场前景等，注意不需要透露核心技术。说明产品的价值所在，以及提供服务的方式。产品填补了那些急需补充的市场空白。可以在这里加上产品或服务的照片。

（四）市场分析

这部分内容叙述公司处于什么样的行业、市场。将如何发展这个新生市场，以及有多少成长型的客户群，是否有其他的市场零售商销售相同的产品等相关问题。

（五）竞争分析

竞争分析：写明分别根据产品、市场份额、价格、地区、管理手段、营销方式、特征以及财务力量划分的主要竞争对象。

（1）竞争描述。

（2）竞争战略/市场进入障碍。

研究进入细分市场的主要障碍及竞争对手模仿你的障碍。

（六）经营策略

（1）营销计划。

营销计划包括：选择目标市场；制定产品决策；制定价格决策；制定销售渠道策略，选择适当的销售渠道；制定销售促进决策。

(2) 规划和开发计划：产品/服务开发的规划目标、当前所处的状态以及开发计划，可能遇到的困难和风险预测。

(3) 制造和操作计划：产品/服务使用寿命、生产周期和生产组织，设备条件、技术改革的必要性和可能性。

(七) 财务分析

财务分析是对投资机会进行评估的基础，它需要体现创业者对财务需求的最好预估。

(1) 收入预估表：利用销售量的预估和已产生的生产和营运的成本，准备至少3年的收入预估表。

(2) 资产负债表：资产负债表可以用来描述企业资产、负债和所有者权益的关系，要用标准的账户格式进行展示。

(3) 现金流和盈亏平衡分析：现金流入、流出的时间和数目的详细描述，决定追加投资的时间，对营运资本的需求，以及如何得到现金，这些都需要进行统计和说明。

(4) 盈亏平衡图：计算盈亏平衡点，准备盈亏平衡图显示何时将达到平衡点，以及平衡点出现后，该如何逐步地改变。盈亏平衡图如图10-1所示。

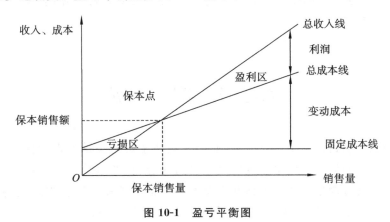

图 10-1　盈亏平衡图

(八) 附录

附录中还要展示以下材料：

(1) 公司背景及结构。

(2) 团队人员简历。

(3) 公司宣传品。

(4) 市场研究数据。

项目计划书是面向投资人的，最终目的是说服、打动意向投资人从而获取融资，推动项目落地实施。因而，应围绕意向投资人的关注点，体现项目的创新性、可行性、盈利性，体现团队的执行力，阐述富有逻辑。

【课外拓展 10-1】

中越跨境电商发展案例

新闻报道说,"90 后"浙江青年徐志杰是在边境利用互联网创业初尝甜头的电商。4 年前,徐志杰只身来到东兴沿街叫卖糯米饭,起初每天仅售 20 多份,如今日售量已突破 300 份。由于说得一口流利的越南语,他和中越边民打成一片,成为当地家喻户晓的"糯米哥"。生意越做越顺畅的徐志杰利用微信销售起越南水果,收入可观。

这几年,越南电商市场加速发展。越南是东盟国家中电商市场发展最好的国家之一,也是东盟国家互联网普及率排名第二的国家。2014 年,越南电子交易数量同比增加了 52%,电子交易金额占整个越南金融清算总额的 19%。同时,凭借记卡刷卡消费占电子交易额的 39%,比 2013 年增长 67%。

越南目前的外国电子商务公司主要包括 Google、Alibaba、Rakutan、eBay 以及 Amazon 等,也透过越南合作伙伴涉足当地网购市场,例如 Lazada 投入数百万美元经营 Lazada Vietnam 及 Lamido 两个购物网站,2014 年 Lazada Vietnam 营业额较 2013 年增长 5 倍。中国电商企业如凡客等公司早已入驻越南,率先在越南开设独立域名网站 http://www.vancl.vn,拓展海外市场,在越南设立自有的仓储基地和呼叫中心,并与越南当地运营商合作,委托进行代运营,未来越南电商发展前景可观。

第三节 实 训

一份完备的创业项目计划书,不仅是企业能否成功融资的关键因素,同时也是企业发展的核心管理工具。完整的创业计划书至少应该包含市场分析、竞争分析、产品定位、盈利模式、管理机制、营销策略、资金规划和风险评估八个要素。创业计划书写得越详细,越容易理解。

依据以上创业计划书模板,动手写一份创业计划书,创业计划书包含以下内容和要求。

一、摘要

摘要是一份计划书的点睛之笔,它作为全部计划书的基本框架。摘要不需要过长,提取精华即可。

摘要的具体要求有以下几点内容:

(1) 项目描述(介绍项目的目的、意义、内容及运作方式等)。

(2) 产品与服务(陈述产品或服务以便让意向投资人能够看懂,包括产品的竞争优势)。

(3) 行业及市场(行业历史与前景,市场规模及增长趋势,行业竞争对手及本公司竞争优势,未来 3 年市场销售预测)。

(4) 营销策略(在价格、促销、建立销售网络等各方面拟采取的策略及其可操作性和有效性,以及对销售人员的激励机制等)。

(5) 资金需求(资金需求量、用途、使用计划,拟出让股份,投资者权利,退出方式)。

(6) 财务预测(未来 3 年或 5 年的销售收入、利润、资产回报率等)。
(7) 风险控制(经营过程中可能出现的风险及拟采取的控制措施)。

二、综述

创业计划书的综述部分可以给意向投资方展现一个鲜活的项目策划方案,进一步从框架理念看到有充分依据的市场反馈需求的饱满的可行性计划书。其内容如下:
(1) 项目描述。
(2) 产品与服务。
(3) 行业与市场分析。
(4) 市场与销售。
(5) 营运组织设计。
(6) 实施进度计划。
(7) 财务计划。
(8) 风险控制。

本章小结

本章围绕创新创业,主要讲解了创新创业的计划书编写,以及创业文化相关案例解读,旨在帮助同学们认知创业,了解创业并不简单,需要同学们认真进行创业规划。创业者应具有坚韧的精神、不灭的激情。

复习思考

1. 以组为单位完成创业大赛信息搜集工作,了解各渠道有哪些为大学生举办的跨境电商创业大赛?将自己收集到的比赛资讯进行组内交流讨论和汇总(每组安排人员记录),形成书面小组报告(列出比赛的时间、方式等)。各组推选出汇报人,由汇报人向全体学生汇报小组报告内容,其他小组学生发问。
2. 将学生们分为两组,每组分别从跨境电商时代创业的机遇和挑战两个角度进行材料准备并制作 PPT。

答案与提示:
1. 大学生跨境电商创业大赛有"河南省大学生跨境电商创新创业大赛""'扬帆起杭'全球跨境电商创业创新大赛""全国纺织行业跨境电商人才创新创业大赛"等。
2. 请利用网络查阅相关资料,自己进行归纳总结并制作 PPT。